ACOUSTIQUE

ET OPTIQUE

DES SALLES DE RÉUNIONS PUBLIQUES

SE TROUVE AUSSI QUAI VOLTAIRE, N° 23

IMPRIMERIE DE DUVERGER,
RUE DE VERNEUIL, N° 4.

ACOUSTIQUE

ET

OPTIQUE

DES SALLES DE RÉUNIONS PUBLIQUES

THÉATRES ET AMPHITHÉATRES

SPECTACLES, CONCERTS, ETC.

SUIVIS D'UN

PROJET DE SALLE D'ASSEMBLÉE CONSTITUANTE

POUR NEUF CENTS MEMBRES

ACCOMPAGNÉES DE TROIS PLANCHES GRAVÉES SUR CUIVRE)

PAR

THÉODORE LACHÈZ, ARCHITECTE

Membre de la Société centrale des Architectes;
Inspecteur des travaux publics et de la Préfecture de police.

PARIS

CHEZ L'AUTEUR, 24, RUE MESLAY
CHEZ LEMOINE, LIBRAIRE, 24, PLACE VENDOME
ET DANS LES LIBRAIRIES DES SCIENCES ET DES ARTS
1848

PRÉFACE.

La révolution de février 1848 a amené dans nos habitudes une transformation qui en était la conséquence naturelle. Une partie de notre existence à tous, pendant les trois mois qui ont suivi ce commencement d'évolution sociale, s'est passée dans les *clubs*, dans ces grandes réunions publiques pour lesquelles on a mis en réquisition toutes les salles et toutes les localités où l'on pouvait convoquer et réunir quelques centaines et parfois quelques milliers de personnes : salles et amphithéâtres de tous les établissements publics de Paris, hangars, magasins, etc., etc., tout a été simultanément occupé par de nombreux auditoires, curieux et avides de cette vie nouvelle qui effraie, ou élargit l'horizon des intelligences et des idées.

Toutes les salles ont été fréquentées, et remplies de la voix des orateurs, candidats de tous genres venant exposer et faire combattre ou appuyer leur candidature; c'est alors qu'on a pu reconnaître combien peu de ces salles sont satisfaisantes sous les rapports de l'Acoustique et de l'Optique; combien on y entend souvent mal, et parfois pas du tout, les orateurs qu'on ne peut d'ailleurs jamais apercevoir que difficilement.

La réunion de l'Assemblée constituante de 1848 démandait une salle d'une dimension inusitée jusqu'à ce jour : *neuf cents* députés et un public de cinq ou six cents personnes exigeaient une salle dont la construction offrait des problèmes d'Acoustique et d'Optique difficiles à résoudre. Ces problèmes scientifiques ne sont malheureusement en aucune façon résolus dans la salle provisoire qui vient d'être édifiée. C'est ce qui m'a déterminé à publier un travail que jusqu'à ce jour je ne croyais utile qu'à ma satisfaction personnelle.

Ce travail est loin d'être un traité complet d'Acoustique et d'Optique pour les salles de réunions publiques, telles que salles de spectacles et de concerts, amphithéâtres, salles de clubs et d'assemblées constituantes et législatives, etc.; mais tout incomplet qu'il puisse être, j'ai l'espoir, sinon la conviction, qu'il peut néanmoins apporter quelques améliorations très-désirables dans tous les genres de salles, sinon les rendre parfaites.

La notice que je me hasarde à livrer aujourd'hui au public était en partie écrite, et les figures dessinées depuis dix ans au moins : ce fut à l'époque où l'administration des travaux publics me confia l'inspection des travaux de reconstruction du Collège de France.

Frappé dès lors de l'incommodité, de la gêne fatigante et de l'insalubrité qu'on éprouvait dans tous les amphithéâtres que j'avais fréquentés comme étudiant, ainsi que dans les salles de spectacle et de concert; voyant construire sous mes yeux plusieurs salles destinées à des cours publics, j'ai eu, par ces motifs et dans ces circonstances, l'occasion de me rendre compte des raisons pour lesquelles on ne voyait pas, ou pourquoi l'on voyait mal dans les amphithéâtres et dans les théâtres.

C'est alors que je fus amené, par suite de recherches et d'essais successifs, à disposer les gradins et les banquettes des auditoires suivant des *courbes* au lieu de lignes *droites,* en *élévation*.

Admis pendant huit années dans l'honorable intimité de FÉLIX SAVART, membre de l'Institut, et professeur de physique expérimentale au Collége de France, si prématurément enlevé à ses intéressants et consciencieux travaux, j'ai été journellement témoin des belles expériences qui ont fait faire à la science de l'*Acoustique* des pas immenses et qui avaient pour moi un double attrait : les moyens ingénieux, la clarté, la précision avec lesquels elles étaient imaginées et exécutées : puis, l'immense utilité que j'entrevoyais de l'application de toutes ces lois de l'Acoustique à la construction de certains édifices, tels que salles de spectacles, de concerts, les amphithéâtres et toutes les salles enfin destinées aux réunions publiques.

Les courbes que j'ai trouvées pour l'*élévation* des gradins ont été appliquées aux quatre principaux amphithéâtres du Collége de France : elles ont dû être employées immédiatement après à quelques salles de l'école de Saint-Cyr : ces courbes démontrant d'elles-mêmes les propriétés remarquables dont elles jouissent, n'avaient pas, suivant moi, besoin de commentaires auprès des architectes et du public appelé à en faire l'expérience journalière.

D'un autre côté, les lois de l'Acoustique sont dans to

domaine public de la science, et dans l'esprit de toutes
les personnes qui s'en sont occupées.

Ces deux raisons m'avaient empêché, jusqu'à ce jour,
de croire à l'utilité d'une publication quelconque sur
ces deux objets : je suis donc resté avec mes impres-
sions et mon acquis personnels, persuadé qu'ils étaient
ou pouvaient être les mêmes chez tous les individus
qui, comme moi, se sont plu à étudier les mêmes ques-
tions et les mêmes phénomènes.

Cependant, il m'est démontré aujourd'hui que les
expériences et les études individuelles sont sans force,
sans résultat utile, tant qu'elles restent isolées, et,
pour ainsi dire, à l'état latent; et je pense que quelque
faible que soit un travail, il faut l'apporter au faisceau
commun des connaissances que nous devons tous pos-
séder; qu'il faut toujours chercher à augmenter quel
que peu la somme des connaissances acquises; ou donner à d'autres, plus heureux, l'occasion d'y ajouter des
résultats d'une importance réelle, soit en trouvant
mieux, soit en rectifiant les erreurs qui auraient pu se
glisser dans un travail entrepris par amour du progrès
et des améliorations utiles. C'est ce qui me décide à
publier cet opuscule, dans lequel le lecteur voudra bien
voir plus de bonne intention que de science. Un travail
de cette nature, et d'une importance si capitale, comme,
au surplus, tous les travaux de l'intelligence et de l'industrie humaines, ne saurait être parfait, que lorsque
les efforts communs et individuels pourront à la fois
concourir vers un même but.

TABLE ANALYTIQUE

DES MATIÈRES.

ACOUSTIQUE

ET OPTIQUE

DES SALLES DE RÉUNIONS PUBLIQUES

THÉATRES ET AMPHITHÉATRES

SPECTACLES, CONCERTS. ETC.

CHAPITRE PREMIER

Définitions des salles.

Les jeux scéniques chez les Grecs et les Romains, les combats de gladiateurs chez ces derniers, amenèrent la construction de monuments spéciaux : ce sont les *théâtres* et les *amphithéâtres*, édifices destinés aux divertissements de grandes réunions d'hommes.

Dans les temps modernes, des besoins plus variés de plaisirs et d'autres causes de réunions publiques, tels que les besoins de l'instruction des masses, les jeux et les enseignements de la scène, les concerts, les cours publics, les travaux législatifs des peuples constitutionnels et républicains, ont donné lieu à des nonuments divers, parmi lesquels on rencontre encore les *théâtres* et les *amphithéâtres*.

Les *théâtres* des anciens étaient des monuments demi-circulaires, dont la partie appelée *scène*, disposée parallèlement au diamètre d'un demi-cercle, était sans profondeur et limitée, dans le fond et sur les côtés, par des murs d'une architecture solide et monumentale. L'auditoire prenait place sur des gradins offrant l'aspect d'un demi-cône creux, tronqué, à base circulaire.

Les *amphithéâtres* étaient circulaires ou elliptiques; les spectateurs occupaient le pourtour entier de la scène ou *arène*, qui était placée alors dans le milieu de l'espace. Les gradins offraient le même aspect que dans les théâtres, à cette différence près qu'ils étaient continus et enveloppaient la scène centrale.

Les théâtres et les amphithéâtres des anciens n'étaient fréquentés qu'en plein jour, et ils étaient alors recouverts d'une immense toile appelée *velarium*, qu'on tendait, par des moyens fort ingénieux, au-dessus des spectateurs et de l'espace théâtral tout entier.

Les modernes possèdent des *théâtres*, des *amphithéâtres*, des *cirques*, des *salles de concerts* et des *salles de séances* pour leurs assemblées politiques.

Nos *théâtres* diffèrent essentiellement de ceux des anciens par leur scène profonde, leurs galeries ou étages intérieurs, en zones circulaires ou elliptiques, et leur couverture; ils en diffèrent aussi par les heures de la journée pendant lesquelles on en fait usage.

Nos *cirques* se rapprochent plus des cirques et des amphithéâtres antiques, mais ils sont clos et couverts.

L'art musical, chez les Grecs et les Romains, n'était

pas arrivé au point de perfection qu'il a atteint de nos
jours; d'un autre côté, les affaires politiques se trai-
taient en plein air, dans le *forum*; aussi, nos salles de
concerts et de réunions, ou d'assemblées politiques,
n'ont-elles pas d'analogues dans l'antiquité, si ce n'est
quand elles rentrent dans la classe de ce que nous ap-
pelons des amphithéâtres. Ceux-ci sont généralement
copiés sur les théâtres des anciens, quoique leur destination soit tout autre. La scène antique et ses murs
solides n'ont point chez nous d'emploi utile; l'espace
le plus vaste de l'édifice, la partie qui était occupée chez
les anciens par l'*ensemble* des personnages ou acteurs,
ne l'est plus, chez nous, que par un simple orateur ou
un professeur, dont la voix va se perdre en partie dans
l'immense atmosphère dont il est entouré.

Cependant les théâtres et les amphithéâtres sont,
dans les temps modernes, comme ils l'étaient chez les
anciens, des lieux de réunions destinés, ainsi que l'indique leur nom, à *faire regarder* un auditoire plus ou
moins nombreux, *autour* d'un certain lieu appelé
scène[1], et soit qu'on les considère sous le rapport des
gradins qui constituent leur principal caractère, ou
qu'on les regarde simplement comme des espaces ménagés pour recevoir des réunions plus ou moins nombreuses, leur destination spéciale est toujours :

1° Ou de *faire voir* un simple spectacle, une panto-
mime dans un espace ouvert ou clos de toutes parts;

2° Ou de *faire entendre* des chants et des airs musicaux;

<hr>

[1] Θέα, autour, θεᾶσθαι, regarder.

3° Ou bien enfin de faire percevoir intelligiblement et clairement la *parole* d'un orateur ou d'un professeur.

Nous considérerons plus particulièrement dans cette notice les théâtres et les amphithéâtres, sous le double point de vue de l'Acoustique et de l'Optique; distinguant les trois spécialités auxquelles ils peuvent être consacrés, et qui sont: le *spectacle simple*, le *spectacle* avec *paroles* et *musique*, enfin la *parole* seulement des discours et de l'enseignement.

CHAPITRE II.

Lois d'Acoustique, et considérations générales sur quelques
phénomènes qui s'y rapportent.

Afin de pouvoir rechercher et déterminer la *forme*
des salles de réunions publiques et des amphithéâtres,
ainsi que l'*inclinaison* particulière qui convient a leurs
gradins, nous croyons qu'il n'est pas inutile d'entrer
dans quelques considérations très-succinctes sur certaines lois d'*Acoustique* et d'*Optique*, dont les déduc-
tions nous donneront les moyens de résoudre un grand
nombre de difficultés existant dans cette question.

Si l'*Acoustique* est la branche des sciences physiques
qui embrasse tous les *sons*, bruits, échos, oscillations
et ondulations sonores, réflexions, etc., la *musique* est
le rameau principal de cette branche de la physique
générale; rameau tellement important qu'on ne peut,
pour ainsi dire, faire un pas fructueux dans l'étude de
l'Acoustique et dans l'application de ses lois, sans connaître au moins un peu la musique; corollaire qu'on
ne peut pas complétement séparer de cette science sans
inconvénients.

Le *son* se propage dans l'air en *ondes sphériques* [*];

[*] *Rayon sonore* est une expression quelquefois employée.

c'est un ébranlement produit par différentes causes dans les *molécules* de ce fluide, et dont l'intensité diminue en raison du carré des distances, dans les espaces non finis ; par l'effet de la résistance et du frottement, d'ailleurs très-faible, des molécules aériennes, les oscillations périodiques finissent par s'éteindre complétement ; ces oscillations s'étendent d'autant plus loin que la puissance de production a été plus intense au lieu même de l'ébranlement.

[illegible] telle n'est pas [illegible] à proprement parler, [illegible]

L'étendue des ondes sonores varie pour tous les sons, de telle sorte qu'à chaque son correspond une onde d'une longueur particulière ; en outre, ces ondes existent simultanément dans l'espace, et leur vitesse de propagation est de 333 mètres environ par seconde, à la température *zéro*, sauf les légères influences qui doivent nécessairement résulter de l'état hygrométrique de l'atmosphère, et de la pression barométrique. A 16 degrés la vitesse du son est de 340 mètres par seconde, d'où l'on voit que la température de l'air s'élevant, la vitesse du son qui s'y meut augmente d'autant ; et réciproquement, cette vitesse diminue lorsque la température baisse. Tel est du moins le résumé connu de l'état actuel de cette branche des sciences physiques (*).

Le *timbre* est la nature intime, la qualité particu

(*) Les *oscillations*, ou mouvements rapides de compression et de raréfaction, de va-et-vient alternatif et périodique, engendrent des *ondes sonores*, et les ondes forment dans l'air des *nœuds* et des *ventres ;* les points en repos sont les nœuds des ondes et les parties dilatées en sont les ventres. Entre deux ondes dilatées, il y a toujours un point qui ne participe au mouvement ni de l'un ni de l'autre et qui est neutre : c'est là que finit et commence le mouvement alternatif de compression et de dilatation. On rend ce phénomène sensible aux yeux au moyen d'une membrane tendue, et sur laquelle on a déposé du sable ; si l'on promène cette membrane, en s'éloignant ou en se rapprochant d'un centre d'ébranlement sonore, on voit le sable tantôt mis en mouvement et bondissant sur la membrane, et tantôt en repos. Ce mouvement et ce repos alternatifs se répètent à des distances égales pour un même son, et à des distances variées pour des sons différents ; ils sont dus à des oscillations très-rapides qui existent dans l'air

lière et intrinsèque d'un son : le timbre est complètement indépendant de la gravité ou de l'acuité des
sons, plusieurs sons pouvant être d'accord ou à
l'*unisson* parfait, et avoir des timbres différents.

Le *timbre* est dû à la forme particulière affectée par
les ondes sonores, et plus spécialement à la forme du
noyau de la sphère ondulatoire; car ce noyau régit
nécessairement la forme des ondes dont il est le
centre.

Chaque corps de la nature a sa manière propre de
vibrer, qui résulte : de la disposition intime des molécules qui le composent; des relations d'équilibre qui
existent entre ces molécules; de leur masse, et de la
forme de cette masse.

Il est facile de se faire une idée des résultats de
toutes ces différences, qu'on apprécie et que l'on si-
gnale par l'expression de *timbre*. Il y a, pour ainsi
dire, autant de timbres différents qu'il existe dans la
nature d'objets rendant un son; car il est rare de trou-

se communiquent à la membrane, et font bondir les grains de
sable qu'elle supporte.

S'il y a repos absolu dans les *nœuds* de vibrations sonores, il
doit y avoir silence complet, absence de toute sensation de sonorité pour l'organe qui s'y trouve placé. Cette circonstance est
assez difficile à rencontrer ou à faire naître, à cause de l'effet produit par les ondes réfléchies qui viennent placer des *centres* là où
il y a des *nœuds* provenant des ondes directes; et l'on ne peut
d'ailleurs souvent placer qu'une seule oreille dans un nœud, tandis que l'autre oreille est alors dans le ventre de l'onde sonore.
Avec des ondes simples d'une certaine étendue, le phénomène est
néanmoins facile à constater, surtout en se bouchant l'une de
deux oreilles.

ver des sons ayant identiquement le même timbre, ce qui néanmoins se rencontre parfois.

Les ondes sonores, qui se propagent sphériquement, presque indéfiniment au milieu des espaces entièrement libres, se réfléchissent dans les espaces limités (*), de

(*) Les *rides* ou ondulations créées à la surface de l'eau, et venant se heurter contre les parois limitant la surface, s'y réfléchissent, et peuvent donner une idée exacte de la manière dont les ondes sonores sphériques sont répercutées par les surfaces qu'elles rencontrent dans leur marche. On peut ainsi *voir* de quelle manière elles se croisent par la réflexion, et comment il en coexiste différentes séries sur une même surface; et l'on peut, par analogie, se *figurer* comment il peut exister dans l'espace différentes séries d'ondulations sphériques ayant des centres d'ébranlement différents.

Si un obstacle très-limité est placé en un point quelconque sur la marche d'une série d'ondes liquides *continues* (c'est-à-dire qui se répètent et se succèdent pendant un certain temps), on voit comment les ondes sont *réfléchies* et déformées par l'obstacle, et comment elles se reforment en partie, et se recomplètent, pour ainsi dire, mais avec moins d'intensité, après l'avoir franchi; ce qui explique comment et pourquoi l'on entend les sons derrière certains obstacles opposés à leur marche directe, et comment aussi parfois, derrière un obstacle, on est impressionné par des ondes réfléchies, et nullement par les ondes directes.

Sur une *surface* liquide, les ondes ne sont réfléchies par les parois limitantes que dans un plan horizontal; tandis que, dans l'espace, les ondes sonores sont répercutées *en tous sens*, normalement à toutes les surfaces qui peuvent exister, quelle que soit leur forme. Ce sont presque toujours les surfaces planes et se coupant à angle droit, et surtout peu multipliées, qui produisent les réflexions sonores les plus intenses et les plus agréables en *musique* ou avec la voix chantante; mais ces réflexions sont toujours déplaisantes ou pénibles avec la voix parlante.

telle sorte que la ligne droite indiquant la marche de l'onde *directe*, et la ligne indiquant la direction de l'onde *réfléchie*, font deux angles égaux avec la normale des corps ou des surfaces qui font obstacle à leur marche indéfinie. La réflexion est d'autant plus complète, d'autant plus parfaite, que les parois réfléchissantes sont plus unies, mieux polies et plus résistantes.

En effet, les parois minces, en participant à l'ébranlement général des ondes, absorbent une partie de la force vive de ces ondes, tandis que les parois plus résistantes, au contraire, réfléchissent presque complétement, et redoublent à chaque réflexion l'intensité des ébranlements sonores, les perpétuant, pour ainsi dire, pendant un temps plus ou moins long. C'est ce qui nous explique la durée plus ou moins prolongée des sons dans les espaces limités par des parois d'une nature et d'une disposition convenables à cet effet, et leur extinction ou leur absorption dans les espaces sans limites, ou dans ceux fermés seulement par des parois molles, souples et moelleuses.

Si le son traverse, dans l'atmosphère, des milieux différemment denses parce qu'ils sont à différentes températures, il se modifie en ce sens qu'il est d'abord en partie repercuté avant de pénétrer dans les milieux plus denses, et ensuite parce que sa vitesse est accélérée ou retardée par les différences de température existant dans les milieux traversés.

Pour se faire une idée de la répercussion des sons sur des surfaces de natures différentes, comme le marbre, le bois ou des voûtes moelleuses, qu'on se heurte une bille de marbre, ou d'un métal dur, et que le fer ou le bronze, tombant perpendiculairement sur chacune de ces surfaces : on voit clairement, sans qu'il soit besoin, pour ainsi dire, d'en faire l'expérience, quelles sont les réflexions qui doivent résulter de ces différents chocs. Sur le marbre, la bille rebondit d'une manière parfaite, à cause de l'extrême élasticité des deux corps durs; sur le bois, la bille ne rebondira que faiblement, et encore bien moins sur l'étoffe moelleuse. Le marbre, le bois et l'étoffe sont néanmoins élastiques tous les trois, mais de trois manières différentes. Le marbre est élastique, mais en même temps *rigide*; le bois est élastique, mais *flexible*; et l'étoffe n'est pas sans élasticité, mais elle est *souple*. C'est l'élasticité la plus dure, la plus rigide, si l'on peut s'exprimer ainsi, qui convient le mieux à la parfaite répercussion du son, comme à celle de la bille que nous prenions pour exemple *.

Outre leur propagation directe ou réfléchie en ondes sphériques, les sons affectent une intensité plus grande

(*) On peut rendre sensible aux yeux la manière dont les ondes sonores sont amoindries, en partie détruites ou totalement éteintes, par leur contact avec les surfaces flexibles et souples, en faisant l'expérience suivante : si l'on monte une *anche* sur un tuyau en métal à paroi très-épaisse, le tuyau rendra un son quelconque; si l'on adapte l'*anche* sur le même tuyau, mais construit en bois, le son produit sera moins intense et *plus bas*; si enfin le tuyau est construit en feuilles minces de métal, de carton ou en parchemin, le son devient de plus en plus *grêle*, quoique la masse d'air vibrante et contenue dans ces instruments soit toujours la même. Le son d'un *timbre* ou d'une cloche se baisse et se met à l'*unisson* d'un son donné, si l'on diminue d'une manière convenable l'épaisseur de sa paroi.

dans la direction vers laquelle ils sont émis: de telle sorte qu'autour d'un centre d'ébranlement sonore on n'entend pas toujours également bien de tous les points; tandis qu'on entend mieux, comme chacun a pu le remarquer, si l'on se trouve dans le sens vers lequel les sons se dirigent, soit que ces sons partent d'un instrument à vent, d'un *pavillon* ou d'un organe vocal.

Cette intensité particulière dans la direction des sons, et leur genre de réflexion auraient dû conduire plus tôt à trouver la forme la plus convenable à donner à certaines salles de réunions publiques; et l'on verra que ce qui favorise le mieux l'Acoustique est aussi ce qui satisfait le mieux à certaine condition d'Optique, telle que la disposition relative d'un auditoire et des objets à voir.

Tous les corps de la nature peuvent entrer en vibration sous l'influence d'un choc *direct* qui, en occasionnant un dérangement dans l'équilibre des molécules, y établit des oscillations réglées suivant certaines lois, et, par suite, des sons de différents *timbres* plus ou moins intenses, plus ou moins perceptibles, agréables ou blessants, pour l'organe de l'ouïe.

Mais tous les corps peuvent encore être mis en vibrations périodiques par une cause *indirecte*, par le contact immédiat ou médial avec d'autres corps en vibration: ils peuvent enfin entrer en ébranlements sonores sous l'influence des vibrations des fluides pondérables, tels que l'air, avec lesquels ils sont en contact.

L'air est donc le *véhicule* des sons, et sans ce fluide

au milieu duquel nous vivons, les sons n'existeraient point pour nous (*) : éminemment élastique et subtil, non-seulement il se laisse traverser aisément par un ébranlement sonore sans quelquefois y prendre part d'une manière sensible pour notre organe, comme dans le cas de la propagation du son entre deux plans inclinés; mais encore il se prête avec la plus extrême facilité à tous les mouvements, à toutes les ondulations périodiques ou non périodiques; tous les genres de mouvements et de fluctuations peuvent coexister en lui simultanément, tantôt sans influence appréciable les uns sur les autres, et tantôt s'influençant d'une manière plus ou moins considérable, plus ou moins sensible à notre oreille.

Mais l'air n'est pas seulement le simple et précieux véhicule des sons; il est lui-même un corps éminemment sonore, et capable de rendre seul, mais dans des circonstances données, tous les sons les plus variés, depuis le sifflet le plus aigu jusqu'à l'orgue le plus grave,

(*) Au moyen d'une expérience faite dans le *vide*, on démontre que le son se propage dans l'air, et qu'il n'existerait pas pour notre organe sans ce fluide qui nous le transmet. Si l'on place un timbre, suspendu par un fil très-ténu, sous le récipient d'une machine pneumatique, ce timbre, ébranlé par l'action d'un mouvement d'horlogerie, fera entendre le son qu'il produit à travers la cloche formant récipient; à mesure que le vide s'opère, les ébranlements sonores deviennent moins intenses, puis s'éteignent complètement, pour reparaître ensuite avec leur intensité primitive, lorsque le vide a cessé. Tout autre corps fluide ou gazeux, substitué à l'air dans le récipient de la machine, fait reparaître les vibrations sonores, avec des intensités qui varient en raison des densités des fluides ou corps gazeux introduits.

tous les instruments à vent l'montrent l'immense sonorité du fluide aérien.

L'air, entrant en mouvements réglés, produit non-
seulement des sons appréciables et appartenant à l'é-
chelle musicale; mais, le plus souvent, il donne lieu à
des sons particuliers, et qui ne paraissent en dehors des
précédents que parce qu'ils sont plus faibles, toujours
multiples, ce qui empêche le plus fréquemment d'en
distinguer la valeur. On ne dit pas généralement, quoiqu'on puisse le faire, qu'une salle, qu'un espace rend
un son, et des accompagnements harmoniques de ce
son primitif; mais on dit simplement que la salle ou
l'espace est *sonore*; sans que, dans ces circonstances
particulières, on attache d'importance aux causes du
son, à sa valeur et à ses qualités. La *sonorité* n'est cependant que le résultat de sons très-réguliers et de
leurs harmoniques qui sont créés dans ces localités.

Les espaces plus ou moins restreints, limités en partie seulement, ou de toutes parts, deviennent ainsi
comme de grands instruments à vent: la *sonorité* de
ces espaces n'est due qu'à ce que l'air qui s'y trouve
contenu entre en ébranlements réglés, et qu'il vibre de
ses vibrations propres, lesquelles s'arrangent et se modifient suivant les lieux et leur étendue, se laissant d'ailleurs influencer par les parois avec lesquelles elles sont
en contact. Donnons quelques développements à l'appui
de ces faits.

Le mouvement ondulatoire de l'air se transmet d'une
manière particulière entre deux plans inclinés, par
exemple entre deux planches réunies à angle droit par
un de leurs bords. On n'a alors que la moitié d'un

tuyau carré qui serait divisé diagonalement, et l'air contenu entre deux parois seulement et libre du côté opposé se comporte déjà comme un corps sonore ; non-seulement il transporte un son avec plus de facilité qu'en pleine liberté, mais il le transporte d'une manière particulière et qui prouve qu'il possède des vibrations à lui propres.

L'air ainsi *délimité*, comme il l'est au surplus dans tous les instruments à vent, constitue un corps sonore, ayant sa *forme* et sa *masse* particulières. Sa forme n'influe que très-peu sur ses propriétés vibrantes ; sa masse, au contraire, constitue une *hauteur de son* dans l'échelle musicale ; de sorte qu'à telle masse d'air correspondent tel son, et les harmoniques de ce son ; puisque chaque masse rendant un son est susceptible de rendre en même temps les sons à l'octave, et tous les concordants du son primitif. L'air, dans l'espace, vibre des vibrations qu'il transmet ; mais l'air, quelque peu limité, par deux planches seulement, par exemple, forme un corps en quelque sorte séparé de la masse ambiante, ou du moins déjà suffisamment séparé pour constituer un corps vibrant, qui se comporte alors comme un corps solide. Il est facile d'ailleurs de concevoir qu'un ébranlement ténu, produit sur une grande masse plus ou moins étendue, sera insensible, tandis que cet ébranlement agira très-sensiblement sur une masse comparativement minime, et y déterminera des ondulations réglées et sonores.

Tout le monde a pu éprouver un exemple de transmission du son suivant l'intersection de deux plans, dans l'une des salles du Conservatoire des Arts et Métiers, a

Paris, où deux interlocuteurs peuvent se parler à voix basse dans les deux angles diamétralement opposés de la salle, sans que les personnes placées dans le milieu puissent rien entendre de ce qui se dit. Les sons se propagent suivant l'arête de la voûte en arc de cloître et dans l'angle que ses parois forment entre elles, de la même manière qu'ils le feraient dans un conduit formant tuyau.

L'air, dans les espaces libres, transmet à des distances très-grandes des ondulations sonores dont nous n'avons pas conscience, quoique nous soyons placés dans leur trajet. Arrivées sur certaines parois qui font obstacle à leur marche, les ondes se réfléchissent; et si la paroi réfléchissante peut, par sa forme, concentrer les ondes, les sons deviennent très-appréciables pour l'oreille qui se trouve au centre de réunion des ondulations convergées. Une calotte sphérique, une voile enflée par le vent, peuvent réaliser ce phénomène d'une manière frappante et à des distances très-considérables.

Dans les tuyaux d'orgue les plus simples, fermés sur quatre faces, ou ronds, et ouverts aux deux extrémités, il est encore évident pour tout le monde, à la vue de la première expérience, que l'air donne des sons à lui propres, par suite des oscillations réglées qu'on lui imprime. Quelle que soit d'ailleurs la forme du tuyau d'orgue, qu'il soit ouvert ou fermé d'un bout, long, à section carrée, qu'il soit cylindrique, cubique ou sphérique, ou composé de quelques-unes de ces formes réunies, l'air qu'il contient peut toujours entrer facilement en vibration, et produire des sons d'une variété infinie, et correspondant toujours à la masse des volumes d'air *contenus*, lesquels se divisent en parties vibrantes et se comportent d'une manière analogue à celle des verges, des corps solides et des cordes, pour rendre des sons primitifs toujours accompagnés de leurs harmoniques, ou sons concordants.

Des limites existent dans les dimensions connues des instruments de musique, depuis les plus aigus jusqu'aux plus graves; mais rien ne prouve qu'on soit arrivé, dans la confection de ces instruments, au maximum de puissance; tandis qu'au contraire, tout, en physique, nous démontre qu'on peut amplifier considérablement les sons graves, en augmentant la capacité des instruments. La difficulté, s'il en existait, ne consisterait que dans le moyen de mettre en ébranlement périodique de grandes masses d'air, et d'y déterminer les vibrations sonores qui conviennent à leur étendue. Il suffirait sans doute d'un simple essai pour arriver à la réussite.

On parvient facilement, par la pensée, à de trèsgrandes dimensions, dont la réalisation a lieu parfois, sans qu'on la cherche, non pas pour produire des sons réglés et appartenant à l'échelle musicale, mais pour causer des inconvénients dont il est souvent utile de se débarrasser.

On peut concevoir en effet des tuyaux d'orgue tellement grands qu'on pourrait y pénétrer et s'y promener : certains vestibules, couloirs, corridors; certaines pièces, entièrement vides, de nos habitations, et de toute construction, en général : les niches, les voûtes; des espaces naturels enfin, tels que des allées de charmilles et des salons de verdure; des grottes, des souter rains, etc., sont parfois de véritables tuyaux d'orgue, dont l'air qu'ils contiennent est toujours prêt à entrer en oscillations périodiques, suivant sa densité, son volume, et la nature des parois limitantes. Qui n'a pas été à même de remarquer souvent, dans chacun de ces espaces, des *résonnances* particulières, locales, qui y existent parfois, sous l'influence de certains sons, de certaines voix? et qu'est-ce que ces *résonnances*, sinon un *son* appartenant à la masse d'air, et qui est le résultat de vibrations à elle propres?

Dans la partie de l'atmosphère où voyagent les nuages, souvent aussi des espaces considérables sont plus ou moins limités par des masses de vapeur aqueuse, les nuées, et deviennent les grands instruments qui produisent le bruit du tonnerre. Le phénomène de la réunion subite des fluides électriques détermine des ébranlements périodiques, qui, à leur tour, engendrent dans ces espaces limités de magnifiques vibrations sonores, d'une ampleur encore inusitée parmi les moyens que nous savons créer, et qui se prolongent ensuite, par le retentissement successif des échos.

Nos salles et nos amphithéâtres sont donc, pour ainsi dire, de grands *instruments d'acoustique*, et dans lesquels, selon leurs *destinations spéciales*, l'air doit agir, ou comme simple *réflecteur* des sons, ou comme *corps sonore* lui-même, mis en ébranlement réglé, par d'autres sons que l'on y détermine. Dans le premier cas, l'*instrument acoustique* ne *doit* pas exister; dans le second, au contraire, il *faut* qu'il existe; et il s'agira alors de le régler, c'est-à-dire d'en faire un instrument convenable. Il faudra donc, selon leur spécialité, *étouffer* ou *favoriser* les ondulations sonores dans ces localités ; et on les amènera, dans certains cas, en employant concurremment les deux moyens d'étouffement et d'excitation, au point nécessaire pour atteindre le plus convenablement le but qu'on se sera proposé.

CHAPITRE III.

Il est tout à fait inutile d'entrer dans des développe
ments sur les causes de la lumière; sur les lois de sa
propagation et de sa réflexion. Les conditions d'Opti
que, proprement dite, nécessaires pour les amphithéâtres et les salles de réunions publiques, sont moins importantes, et d'ailleurs plus faciles à saisir que celles
de l'Acoustique. On arrive souvent à d'heureux résultats en Optique sans les avoir beaucoup cherchés. Il
doit nous suffire de rappeler ici que l'intensité de la
lumière, ainsi que la surface des objets, diminuent,
l'une et l'autre, en raison du carré des distances; et
qu'il y a donc toujours un avantage très-grand à ne pas
éloigner les objets, afin de les mieux voir.

Mais une abondante profusion de lumière est loin
de suffire pour rendre très-commodes les salles de réunions publiques et les amphithéâtres; il faut surtout une
bonne entente dans la manière de placer les objets à
voir, et respectivement les spectateurs; et ensuite une
judicieuse distribution de la lumière, dont l'intensité est
toujours relative, et paraît souvent à l'organe de la vision d'autant plus forte que cet organe est placé dans

un milieu moins éclairé ; c'est à cela qu'est dû, comme on le sait, le plus grand prestige du *diorama*.

Au moyen des développements dans lesquels nous venons d'entrer sur l'Acoustique, on peut expliquer quelques dispositions particulières aux théâtres chez les anciens, leur sonorité principalement, ainsi que celle de nos amphithéâtres modernes, quoique les causes en soient différentes ; on comprend aussi la formation des résonnances et des échos ; enfin, il sera facile d'apprécier les formes qu'il faut rechercher ou éviter, pour donner aux amphithéâtres, théâtres et salles de réunions publiques, les qualités indispensables, tant pour la visibilité des objets que pour la perceptibilité des sons.

CHAPITRE IV

Les amphithéâtres, chez les anciens, étaient principalement destinés à des combats de gladiateurs et d'animaux ; tandis que les théâtres servaient, comme chez nous, pour les jeux scéniques, les pantomimes, danses, comédies et tragédies. Les théâtres étaient construits de manière à rendre parfaitement perceptibles certains genres, certaines qualités de sons : et ces résultats étaient obtenus au moyen de dispositions particulières ménagées au-dessous de l'auditoire. Les gradins, en zones circulaires, se trouvaient au milieu de la marche des ondes sonores directes ; et, pour rendre les sons plus intenses, on plaçait sous les gradins, dans les *ventres* des ondes sonores, des vases destinés à renforcer les sons, et dont les capacités étaient en proportions nécessaires et suffisantes pour que les masses d'air, qui s'y trouvaient contenues, entrassent en vibrations sous l'influence de certaines ondulations déterminées, et renforçassent les sons primitifs par des sons à l'unisson. Ces ondes sonores étaient produites dans l'espace théâtral par la voix humaine, renforcée déjà par l'espèce de tube, ou *pavillon* conique, dont était munie la bouche.

des masques antiques qui recouvraient la figure des acteurs. Les vases renforçants vibraient à l'unisson des sons produits suivant le *diapason* propre à l'espace du théâtre; ce qui explique la parfaite perceptibilité des sons pour un auditoire immense, composé quelquefois de plusieurs milliers de spectateurs.

Les Grecs seuls, parmi les anciens, paraissent avoir possédé la connaissance des lois de l'Acoustique; car Vitruve, qui parle des vases renforçants, appelés *èchéïa ἠχεῖα*, que les Romains employaient à l'imitation des Grecs, et plaçaient sous les gradins des théâtres, n'explique pas clairement la position et l'orientation de ces vases. Il rapporte qu'ils sont en bronze, attribuant à ce métal la propriété qui n'appartient qu'à l'air contenu dans la capacité des vases. Cependant, dit-il, il existe quelques théâtres où l'on a placé des vases en *terre cuite* au lieu de vases en bronze, et qui produisent le même effet; il attribue donc à la terre cuite ce que, dans son erreur, il attribuait déjà, à tort, à la présence du métal.

La répercussion des sons ne jouait qu'un role très-secondaire dans les théâtres des anciens, qui étaient toujours entièrement ouverts vers le ciel, ou simplement recouverts du *velarium*. Les ondes sonores, ne se réfléchissant d'une manière complète que sur des surfaces lisses qui présentent au moins une certaine résistance, se trouvaient en grande partie amorties sur les larges vêtements des spectateurs; elles devaient cependant être un peu réfléchies par le *velarium* tendu au-dessus de leurs têtes pour les préserver des ardeurs ou de l'incommodité du soleil; mais la répercussion, dans ce

cas, devait être peu importante, et ne produire qu'un
effet bien minime auprès de celui des vases renforçants
dont la puissance est si grande. La principale répercussion devait avoir lieu contre la paroi du mur formant le fond de la scène, et cette répercussion, à
cause du peu de profondeur de la scène, était tout
entière à l'avantage de l'auditoire, qui se trouvait ainsi
placé dans une double série d'ondes directes et d'ondes
réfléchies, marchant dans le même sens, avec des vi-
tesses égales, et presque à la même distance les unes
des autres.

CHAPITRE V.

Théâtres et amphithéâtres chez les modernes.

Nos théâtres et nos amphithéâtres sont tout autres pour les effets d'Acoustique et d'Optique, comme ils le sont aussi par leur destination. Nous avons vu, en outre, que les amphithéâtres antiques différaient des nôtres par la forme, puisqu'ils étaient entièrement circulaires ou elliptiques ; tandis que les nôtres sont en hémicycle comme les théâtres anciens.

Notre climat, nos mœurs, nos habitudes nous ont fait préférer les espaces entièrement clos ; et, pour les éclairer, les théâtres principalement, la lumière artificielle due à la combustion de l'huile ou du gaz. Nous percevons des sons plus ténus, plus délicats qu'on ne pourrait le faire en plein air ; et nous avons, en outre, au moyen des lorgnettes, l'avantage de jouir, à de grandes distances, de physionomies naturelles, d'une expression variée, et incomparablement plus agréable que celle des masques antiques à effet toujours le même, et par conséquent monotone. Nos salles, beaucoup moins spacieuses que les théâtres antiques, et closes de toutes parts, offrent par leurs plafonds, leurs voûtes et leurs murs, des surfaces de nature et de formes variées, dont les parois ont des rôles à remplir, qu'il faudrait étudier et parfaitement connaître, soit pour en tirer parti, soit pour éviter qu'ils ne produisent des effets nuisibles. Il n'y a plus, chez nous, ni porte-voix, ni vases renforçants; ce ne sont pas toujours, d'ailleurs, des chants, des récits psalmodiques, ou de la musique à entendre, comme dans les théâtres proprement dits et les salles de concerts; mais c'est encore, et fort souvent, comme dans nos amphithéâtres et nos salles d'assemblées législatives, la voix d'un professeur ou d'un orateur, dont l'intonation n'a parfois qu'une très-faible puissance.

CHAPITRE VI.

Nos salles de spectacles et de concerts sont disposées de telle sorte, que la répercussion des ondes sonores est très-souvent intempestive, et rarement utile ; les
ondes se croisent en nuisant à l'harmonie qu'on veut
produire ; ou bien les réflexions arrivent si tard, qu'il y
a mélange désagréable entre les sons qui devraient être
éteints et ceux qui les ont suivis : il s'y passe ce qui
aurait lieu dans un *piano* dont on aurait enlevé les
étouffoirs. Certains points de ces salles peuvent se trouver, par rapport au centre d'ébranlement d'où partent
les sons, dans une position telle que les sons paraîs-
sent, aux auditeurs occupant ces points, venir d'un
centre diamétralement opposé, ou faisant un angle
quelconque avec le véritable lieu d'ébranlement des
ondes. Ces points étranges se trouvent dans les *nœuds*
des ondes sonores directes, où le son est nul, et dans
les *ventres* des ondes réfléchies, où le son se manifeste
intempestivement. L'organe de l'ouïe n'est affecté sen-
siblement que par l'onde qui revient, après un certain
temps plus ou moins court, et presque nullement par
celle qui est directe.

Que d'amphithéâtres et que de salles de spectacles
où la voix de l'orateur ou des acteurs semble arriver,
non pas du centre d'ébranlement ou d'émission qu'ils
occupent, mais de points placés derrière les auditeurs
ou au-dessus de leurs têtes! Dans quelques salles, ce ne
sont que des résonnances fatigantes; dans d'autres, ce
sont des échos bien distincts et encore plus désagréables. L'ancienne salle *Ventadour*, dans sa construction
primitive, pouvait être citée comme exemple de salle
où les ondes sonores produisaient des échos, ou des
résonnances fort désagréables, dans plusieurs points de
l'espace occupé par les spectateurs.

Les *orchestres* des théâtres, ces emplacements spécialement réservés aux musiciens, sont contenus, ser-
rés, enfouis dans un étroit espace, en contre-bas de la
scène, entourés de cloisons et de barrières assourdis-
santes: aussi les sons qu'on y produit, à grand renfort
d'instrumentation, ne peuvent-ils se dégager qu'avec
peine; ils sont étouffés, ou bien ils n'ont pas toute la
délicatesse qu'on pourrait vouloir leur donner.

La vaste étendue des *scènes* et des *coulisses*, occupées par quantité de toiles pendantes ou tendues, les
rideaux ou manteaux d'arlequin, les draperies des loges
d'avant-scènes, etc., absorbent une grande partie des
ondes sonores, et nuisent considérablement aux effets
qu'on peut en attendre. Une différence notable existe
déjà entre les sons produits lorsque le *rideau* est baissé,
pendant l'exécution des *ouvertures*, et lorsqu'il est levé,
pendant la durée des pièces de spectacles. Les chan-
teurs sont aussi mieux entendus lorsqu'ils s'avancent
sur le devant de la scène, que lorsqu'ils en occupent le

fond, et surtout lorsque les toiles formant les *fonds* de scènes sont plus rapprochées du public.

D'un autre côté, les cloisons des loges et leurs draperies nuisent fort souvent, soit à la pureté, soit à la propagation des sons; les colonnes d'*avant-scènes* et autres interceptent les sons ou produisent, suivant leur position et leur volume, des répercussions toujours nuisibles. Les loges forment des espèces de boîtes très-sourdes, surtout lorsqu'elles sont tendues d'étoffes qui absorbent les ondes sonores; la pureté des sons est encore détruite, lorsque les loges sont formées simplement de cloisons lisses, dont les planches vibrent sous l'influence des ondes qui remplissent la salle, et donnent lieu à des sons dont le timbre est d'une autre nature, souvent pénible ou désagréable : on ne tient pas suffisamment compte de ces effets déplaisants.

Dans les amphithéâtres, improprement appelés ainsi, puisqu'ils ne sont disposés que suivant un demi-cercle, ou plutôt d'un côté seulement des objets à voir, abstraction faite de leur forme carrée ou demi-circulaire, il y a toujours, aux alentours de l'orateur ou du professeur, de grandes masses d'air qui sont d'un effet très-nuisible; les côtés, le dessus de la tête, et très-souvent aussi l'espace situé derrière la personne qui parle, offrent un cube d'air souvent énorme, mais toujours plus ou moins considérable, et qui entre en ébranlement sonore sous l'influence des sons produits par la parole. C'est une masse d'air qu'il est non-seulement toujours inutile de mettre en mouvement ondulatoire, parce qu'elle absorbe une partie de la force vive des ondes produites, mais encore parce qu'elle donne souvent lieu, par ses vibrations propres, à des résonnances fatigantes, et nuisibles à la perception des sons.

Les voûtes et les plafonds à courbures, qui recouvrent les amphithéâtres ou autres salles, offrent aussi des masses d'air nuisibles à l'intensité des sons : elles donnent lieu à des résonnances, mais le plus souvent elles produisent des échos plus ou moins sensibles, par la concentration des ondes réfléchies en certains points.

Les murs, surtout lorsqu'ils sont circulaires, et à parois solides et résistantes, réfléchissent également les ondes, et produisent aussi des résonnances, souvent des échos en certains points, c'est-à-dire, aux foyers de concentration ou de convergence. L'oreille est à la fois affectée par les ondes directes parties du lieu d'ébranlement ; par les ondes réfléchies sur les parois des murs situés derrière les auditeurs et derrière l'orateur ; et de plus, par les ondes résultant des vibrations particulières aux masses d'air inutiles, et dans lesquelles la voix a déterminé un mouvement ondulatoire et sonore. Toutes ces ondes qui se croisent à des intervalles extrêmement rapprochés, et qui s'influencent réciproquement, produisent sur l'organe de l'ouïe une sensation pénible, des plus fatigantes, et qui varie d'effet et d'intensité avec les dimensions de l'espace et les circonstances locales.

Sous ce rapport, l'amphithéâtre appelé hémicycle du palais des Beaux-Arts offre un exemple remarquable de sonorité intempestive ; les sons de la parole y font tellement vibrer la masse d'air qu'il est presque impossible aux orateurs de s'y faire entendre ; cette salle est une des plus *sonores* qui existent, et partant une des plus mauvaises pour y parler.

Les grandes niches placées derrière les orateurs offrent également, par les sons réfléchis, des points de concentration très-nuisibles. Si l'orateur est placé au centre de figure de la niche, il est lui-même étourdi par les ondes qui lui reviennent aux oreilles; s'il est en deçà ou au delà du centre, les points de convergence sont plus ou moins éloignés du centre d'ébranlement, mais ils sont toujours nuisibles dans certains endroits de l'auditoire où ils ne peuvent manquer d'être perçus désagréablement : la salle de l'ancienne Chambre des Pairs en offre un exemple.

Les *caissons* au moyen desquels sont ornés les plafonds ou les voûtes; les niches décoratives, les ébrasements de portes ou autres enfoncements, offrent tous de petits cubes d'air qui vibrent chacun de leurs vibrations propres, comme des espèces de tuyaux d'orgue, sous l'influence des ondes qui existent dans l'amphithéâtre, et viennent ajouter à la résonnance fatigante des salles, en augmentant la somme des bruits confus.

Les gradins et les banquettes sont ordinairement formés de planches qui ont une assez grande *portée*, et qui peuvent par conséquent entrer aussi en vibrations, et produire l'office de *tables sonores*, mais d'un effet pénible dans les amphithéâtres, où la sonorité est toujours nuisible à la perceptibilité de la parole. Et d'ailleurs, les tables sonores, pour remplir leur but, doivent être construites d'une manière particulière, en bois dont la nature et la disposition des fibres sont loin d'être indifférentes; aussi, dans les amphithéâtres, souvent les gradins offrent-ils une sonorité doublement désagréable par son existence et par son *timbre*. C'est surtout lorsque les gradins ne sont pas occupés par les auditeurs qu'ils entrent facilement en vibrations. Certains amphithéâtres qui sont trouvés excellents, sous tous les rapports acoustiques, lorsque l'auditoire est complet, offrent une résonnance fatigante lorsqu'ils sont à moitié vides. Les banquettes, dans ce dernier cas, vibrent, ainsi que la masse d'air qui ne se trouve plus être la même par l'absence d'une partie de l'auditoire; le volume d'air étant changé, ses propriétés vibrantes le sont également.

Comme exemple des amphithéâtres où les masses d'air sont le plus nuisibles, nous citerons, entre autres, le grand amphithéâtre de physique et de chimie du Jardin des Plantes *(fig.* 29, *pl.* II); il offre, sous le rapport de l'Acoustique, l'une des dispositions les plus mauvaises que l'on puisse imaginer. L'amphithéâtre de physique du Collège de France *fig.* 40, *pl.* II est à citer aussi, comme présentant d'abord, au-dessus du professeur, un cube d'air énorme et fort nuisible; des colonnes semblables à celles des *avant-scènes* des théâtres; des poutres saillantes au plafond, et revêtues en bois mince avec cavités intérieures; des caissons formés par la saillie des poutres et des soffites décoratifs; enfin des planchers de gradins, minces, et ayant une grande *portée*. On a remédié à l'immense sonorité de ce dernier amphithéâtre, où deux interlocuteurs pouvaient à peine s'entendre et se comprendre, lorsqu'ils se parlaient des deux extrémités de l'espace, en plaçant des draperies fixes et des rideaux dans le pourtour supérieur de la salle et en empêchant les vibrations des gradins au moyen du rapport que l'on fit, en dessous des constructions, de planches et de morceaux de bois disposés pour empêcher ou atténuer les vibrations. Au Jardin des Plantes, on a également drapé la partie supérieure du mur circulaire; mais cet amphithéâtre est toujours l'un de ceux où il est le moins facile de percevoir les paroles émises par le professeur. C'est une étendue immense où la voix se perd en dépit d'une sorte d'écran réflecteur placé derrière le professeur. La voûte renvoie et concentre, en outre, en certains points, des sons réfléchis qu'il est intolérable d'entendre, et qui empêchent de recevoir l'impression pure et nette des sons directs.

La Salle provisoire, construite pour la réunion de l'Assemblée constituante de 1848, présente aussi un cube d'air tellement énorme, qu'il est de toute impossibilité de le remplir efficacement par les sons que peut produire la parole; surtout au milieu d'une agitation continuelle et inévitable dans une réunion de plus de quinze cents personnes, députés et public compris: on pouvait réduire le cube de cette enceinte d'un tiers au moins, sinon de moitié, et atténuer déjà, par ce moyen, un résultat aussi regrettable.

En l'absence de salles spécialement construites pour *faire de la musique*, à Paris, les *concerts* et les *festivals* ont lieu dans toute espèce de localités; et jusqu'à ce jour on n'a encore trouvé aucun emplacement qui ait pu satisfaire, non pas les artistes musiciens, mais même le public, parfois peu difficile cependant; c'est que ce public a un organe qui, bien que peu exercé aux jouissances exquises de l'art musical, n'en serait

pas moins sensible pourtant aux beaux effets acoustiques qui résulteraient de dispositions rationnelles appliquées aux salles réellement construites pour la musique. Si le public est resté insensible à tous les frais,
quelque peu infructueux, faits pour le séduire et l'émer-
veiller, ce n'est donc pas à lui qu'il faut attribuer la non-
réussite de tous les efforts qu'on a tentés jusqu'à ce jour.

Examinons les effets qu'on a dû produire dans les
différentes localités sur lesquelles on avait sans doute
fondé quelque espoir de succès, mais auxquelles l'expérience aura dû faire renoncer, sans qu'on en ait peut-
être tiré de conclusions utiles pour l'avenir des constructions.

Un concert vocal et instrumental a été donné, il y a
plusieurs années, dans la grande *galerie des tableaux du
Louvre*. L'auditoire, qui occupait sans doute toute l'é-
tendue de cette vaste, ou plutôt de cette longue galerie,
n'a probablement pas été satisfait de ce concert, car
il n'a pas été suivi d'un second essai.

Il est, du reste, facile d'expliquer ce qui a eu lieu
dans ce cas : les ondes sonores, dont la nature intime,
dont la propriété particulière, est de se développer et
de se propager *sphériquement*, d'être réfléchies *normalement* aux surfaces des parois limitant les espaces, et
avec des intensités proportionnelles à l'élasticité de ces
surfaces, ont dû d'abord être entravées dans leur développement primitif, à leur naissance, en se trouvant
resserrées entre deux murs si peu distants, entre un
plancher et une voûte si rapprochés, si on les compare
à l'une des dimensions, à la *longueur* de l'espace. Les
exécutants devaient être assourdis par les sons qu'ils

produisaient, et les spectateurs, même à une distance peu éloignée, ne devaient entendre que faiblement, relativement aux instrumentistes. Car, ainsi que nous l'avons dit, les *sons*, pour se propager, pour conserver toute leur pureté et toute leur intensité, ont besoin de se répandre suivant une *certaine dimension* dans l'espace ambiant, qui, lorsqu'il manque, fait changer le mode des oscillations, et par suite la nature, l'acuité ou la gravité des sons qu'on doit entendre.

L'air, dans ce cas, devient lui-même un instrument acoustique qui écrase et détruit plus ou moins complétement les effets produits par les véritables instruments, auxquels il ne devrait servir que de milieu ambiant docile et de véhicule sonore.

La galerie du Louvre est en outre un mauvais local pour les concerts, à cause de sa voûte, des colonnes disposées de distance en distance sur sa longueur, et surtout à cause des nombreuses *toiles*, qui absorbent une partie des ondulations sonores, et des cadres ou bordures, qui offrent aux sons des parois hérissées d'une quantité innombrable de ressauts, dont l'effet immanquable est d'en détruire la pureté, ou de les réfléchir d'une façon plus ou moins blessante pour notre organe.

Quelques autres concerts ont été donnés, en 1844, dans les salles ou galeries élevées aux Champs Élysées pour l'*Exposition des produits de l'industrie française*. On sait que ces salles étaient construites en charpente recouverte de toile et de papier. Murs et plafonds, le tout était en toile, plus ou moins détendue et fatiguée par un service de quelques mois.

Il était évident, *a priori*, que le concert donné dans ces espaces ne pouvait réussir, et devait rester loin des résultats qu'on en attendait. En effet, il y avait étranglement des ondes sonores par des parois trop rapprochées ; puis, vice capital, un amortissement presque complet des ondulations sonores, par des parois flottantes, par des toiles tendues, ou plutôt détendues de toutes parts, et qui ne pouvaient offrir la moindre surface favorable aux réflexions.

Quelques observations encore sur les concerts ou festivals qui ont eu lieu à l'*Hippodrome* de la barrière de l'Étoile, à Paris.

Tous les sons marchent avec une égale vitesse, d'où il suit que tous les sons émanés d'un orchestre arrivent en même temps à une oreille placée à une distance quelconque à portée de ces sons.

Mais si tous les sons d'un orchestre arrivent *en même temps* à notre organe, c'est à la condition expresse que cet orchestre occupera un certain espace *limité*, et qu'on puisse considérer comme un *centre commun* d'ébranlement sonore. En effet, si le centre était trop large, si l'orchestre, au lieu d'être étendu sur une surface d'un rayon de 10 mètres, l'était sur une surface de 100 mètres de longueur, il ne serait plus possible que tous les sons arrivassent en même temps à l'organe de tous les auditeurs ; car en nous supposant placés à 10 mètres de distance de la surface occupée par l'orchestre, et en prenant 330 mètres pour vitesse *minimum* du son dans l'air, nous percevrons les sons des instruments les plus près de nous, 1/33° de seconde environ après leur émission, ce qui est presque instantané tandis que nous ne percevrons les sons des instruments les plus éloignés qu'après un temps dix fois plus long, plus 1/55ᵉ de seconde, ou 11/55ᵉ de seconde après leur émission, ce qui est un temps évidemment trop considérable pour que les sons correspondants d'un morceau d'ensemble puissent nous arriver en même temps à l'oreille; il doit nécessairement s'ensuivre une cacophonie, à moins que l'auditeur ne puisse faire abstraction des sons qui lui arrivent trop tard pour produire leur effet harmonieux, comme on fait abstraction de certaines paroles qu'on n'entend que confusément, parce qu'on en *écoute* d'autres (*).

Les concerts ou festivals donnés dans l'enceinte de l'Hippodrome, à Paris, avec dix-huit cents exécutants, ne doivent donc pas réussir sous le rapport de l'effet

---

(*) On a souvent l'occasion de remarquer l'effet des sons qui arrivent *trop tard* pour remplir le but qu'on en attend; nous voulons parler des tambours qui battent à la tête d'une colonne en marche. Pour peu que cette colonne ait une certaine longueur, 100 mètres, par exemple, les sons des tambours arrivent trop tard pour qu'ils puissent être d'accord avec le pas simultané de la troupe. Ou la fin de la colonne n'est plus *au pas* de la tête, ou bien elle n'est plus d'accord avec le son donné par les tambours, son qui a mis nécessairement un temps trop notable pour se transmettre et arriver à la fin de la colonne.

Les tambours, dans ces circonstances, offrent encore un exemple bien frappant de l'effet produit par la réflexion et la répercussion des sons : le passage alternatif des places, des carrefours et des rues transversales rend successivement le son des tambours plus intense ou plus faible, suivant que les parois répercutantes offertes par les maisons sont plus ou moins rapprochées, ou très éloignées.

d'harmonie. Ces exécutions perdent d'ailleurs presque tout le grandiose qu'on pourrait attendre d'une réunion nombreuse d'instruments, par l'énorme déperdition de force dans les ondulations sonores, dont la moitié, pour le moins, se perd dans le ciel ouvert, au-dessus des exécutants.

Pour les oreilles délicates, un autre effet très-nuisible résulte aussi de la répercussion des ondes sur les surfaces de verdure offertes par les massifs d'arbres qui entourent cet espace. Dans certains endroits cependant, et dans certaines circonstances, cette répercussion légère peut produire des effets qui ne sont pas désagréables.

Les *Chaires d'église* font aussi commettre tous les jours des fautes contre les lois de l'Acoustique. On a totalement perdu de vue les raisons qui ont donné lieu à la forme de la *Chaire* destinée au prédicateur, dans les grands vaisseaux des églises, ou au lecteur, dans les vastes salles servant de réfectoire aux communautés. Ce n'est actuellement qu'un simple motif de décoration et d'ameublement, et non plus un instrument acoustique ayant un rôle important à remplir. Le *dossier*, au fond de la chaire, auquel est adossé le prédicateur, et le *dais*, ou espèce d'impériale, placé au-dessus de sa tête, ont eu incontestablement pour but, dans l'origine, de répercuter et de *rabattre* sur l'auditoire tous les sons produits par la parole du prédicateur ou du lecteur ; aussi le véritable nom de ce dais est-il *abat-voix*. Eh bien, que fait on aujourd'hui avec peu de raison ? Parfois des niches et souvent des pilastres, des consoles, des branchages et une foule d'autres ornements sont ajustés sur le *dossier* de la chaire ; le plafond du *dais* (car alors ce n'est pas un *abat-voix*) est orné d'un soffite saillant, polygonal ou circulaire, de corniches et d'enfoncements quelconques, de draperies fantastiques, etc. ; le tout est construit en bois, mince, creux, et absorbant ou modifiant, par conséquent, une partie des ondulations sonores, au lieu de les répercuter d'une manière convenable au profit de l'auditoire.

L'un des moyens qu'on avait cru devoir employer efficacement pour remédier aux défauts acoustiques de la Salle provisoire des séances de l'Assemblée constituante de 1848, fut l'établissement d'un dais ou impériale de ce genre, au-dessus du bureau de la présidence et de la tribune : cette impériale n'avait aucune des conditions requises pour faire un *abat-voix* ; et d'ailleurs elle ne pouvait pas remédier aux graves inconvénients résultant forcément de l'énorme masse d'air inutilement ménagée dans cette enceinte. On verra, au chapitre IX, comment doivent être construits les abat-voix.

CHAPITRE VII.

Défauts résultant de l'inobservance des meilleures dispositions
d'Optique.

La lumière du jour et la lumière artificielle sont, la
plupart du temps, l'une comme l'autre, mal distri-
buées dans les salles d'amphithéâtre, de concert ou
de spectacle. Des masses éclatantes de lumière éblouis-
sent en certains points et font paraître les autres parties dans l'obscurité. L'organe de la vision est souvent
blessé par ces amas de lumières, et il ne peut plus ensuite apercevoir distinctement la forme et la couleur
des objets. Un théâtre paraît sans doute magnifique
lorsqu'il est resplendissant de lumière; mais on pro-
duirait des effets aussi agréables, si, tout en y introdui-
sant la lumière à profusion, on la disposait de manière
à ne pas *éblouir* les spectateurs, qui ont ordinairement
autre chose à voir que de la lumière proprement
dite, au lieu d'objets éclairés. Les effets éblouissants
sont donc nuisibles dans les théâtres, et font perdre tout à fait l'intérêt des objets qu'on veut montrer:
on y voit généralement beaucoup de lumière, et non
pas ce qu'elle doit éclairer. Les éclats scintillants de
la lumière éblouissante devraient être réservés pour
les fêtes et les bals où l'on produit alors les plus beaux

et les plus grands effets avec de la lumière, tandis qu'il y a peut-être un peu de charlatanisme et de faiblesse de ressources artistiques à ne rendre un théâtre brillant que par ce procédé.

Dans les théâtres, le *lustre* fatigue la vue de la moitié des spectateurs, et en empêche une bonne partie de voir la scène et les acteurs : la *rampe* est également très-nuisible pour les personnes placées sur les côtés des théâtres, et les réflecteurs de la rampe ne sont pas toujours disposés de la manière la plus convenable pour que la masse des spectateurs n'aperçoive pas, plus ou moins, la lumière des becs, ou les cheminées en verre qui la contiennent. Un des effets les plus désagréables et les plus nuisibles pour les spectateurs est sans contredit cette espèce d'écran placé, en certaines circonstances, devant la rampe, pour changer la couleur de la lumière : cet écran s'aperçoit toujours, dans les pièces à effets de lumière, comme une grande bande rouge ou verte, et nuit considérablement aux effets qu'on a l'intention de produire. Il serait pourtant bien facile de disposer les réflecteurs et les écrans transparents de manière à obvier à ces inconvénients. Il devrait même suffire de les signaler pour les voir disparaître. Il arrive bien rarement aussi que les *herses* n'éclairent pas d'une manière désagréable les toiles de ciels et celles de fond, et ne nuisent considérablement aux bons effets qu'on serait en droit d'en attendre. L'éclairage des théâtres devrait faire un peu moins partie des *machines;* on devrait en user avec plus de soin et d'intelligence dans l'intérêt bien entendu de l'art.

Par suite des dispositions adoptées pour éclairer les théâtres, la moitié des spectateurs est donc éblouie et l'autre moitié dans l'ombre. Les plafonds des galeries interceptent la lumière venant directement du lustre, souvent seul et unique foyer de lumière, de sorte que le fond des loges ou galeries est généralement dans une espèce d'obscurité, qui devient plus grande à mesure que l'on se rapproche du *parterre*; aussi est-il totalement impossible d'être vu et reconnu dans la partie des loges appelées *baignoires*: on y est plongé dans une obscurité parfaite.

Si la lumière, partant d'un seul foyer, était réfléchie dans toute la salle par des surfaces blanches ou de couleur claire, l'effet lumineux serait moins désagréable ou moins fatigant. Dans les théâtres, on décore fréquemment le fond des loges ou galeries de tons rouges cramoisis qui absorbent une énorme quantité de lumière et font détacher alors, il est vrai, en tons à la fois doux et brillants, les têtes des femmes et leurs toilettes; mais ce contraste ne s'obtient qu'au moyen d'une grande masse de lumière, en majeure partie *détruite* par les couleurs absorbantes, et qui rend plus pénible et plus désagréable le contraste qui existe entre les parties sombres et le foyer lumineux.

Au *Théâtre-Italien* (salle Ventadour), entre autres, l'absorption de la lumière dans les loges tendues en velours cramoisi était si grande qu'on fut forcé d'y rapporter des lampes, offrant autant de points brillants, qui fatiguent beaucoup la vue, en nuisant à l'éclat des toilettes, accessoire très-important de ce théâtre; on ne voit guère que la lumière et très-peu le femmes qu'on a eu l'intention d'éclairer davantage. On a ainsi créé un nouveau contraste pénible, ajouté à celui du lustre, et une dépense nouvelle de lumière pour remplacer, en partie, celle qui est absorbée, en pure perte, par la couleur cramoisie, d'un sombre très-prononcé.

Les bougies, que la mode fait placer actuellement en certaines parties des galeries, sont également des points brillants qui fatiguent la vue et nuisent aux effets qu'on pourrait produire. Si des spectateurs ne veulent pas être vus aux endroits qu'ils occupent, ils n'ont qu'à se placer non-seulement dans les obscures baignoires, mais ils peuvent encore se cacher derrière les faisceaux de bougies à gaz dont l'éclat empêche nécessairement qu'ils ne soient aperçus.

La lumière du jour, introduite dans les *salles* et les *amphithéâtres*, est aussi, bien souvent, mal distribuée. Si elle arrive du haut par une ouverture pratiquée dans la voûte ou le plafond des amphithéâtres, elle éclaire le dessus seulement des objets et nullement les côtés; ou bien, comme le dessus est plus éclairé que les côtés, par contraste, les côtés paraissent dans l'ombre, et ils y sont en réalité très-souvent. Quelques amphithéâtres éclairés par la voûte sont si élevés qu'à peine arrivera-t-il, à l'objet qu'on veut faire voir, assez de lumière pour l'éclairer d'une manière convenable. Il faut cependant reconnaître que, dans une salle éclairée par la partie supérieure suffisamment élevée, lorsque la lumière pénètre avec une abondance assez grande pour ne pas dessiner trop fortement les ombres, l'unité et la tranquillité de ce genre d'éclairage produisent quelque fois des résultats satisfaisants ; mais ce moyen réussit mal, surtout, lorsque la lumière est obligée de passer par un certain espace cylindrique, formant une sorte de tuyau compris entre la paroi de la voûte ou du plafond, et la partie supérieure de la toiture : dans ce cas, la lumière n'est jamais bien répandue dans les salles ; il y a alors un peu de l'effet produit dans les chambres obscures.

Lorsque les ouvertures pratiquées pour la lumière sont placées derrière l'orateur ou le professeur, sa face est dans l'ombre ; on ne voit que sa silhouette, et l'auditoire est ébloui, quelque précaution qu'on prenne pour atténuer l'éclat de la lumière par des verres dépolis, ou par des stores et des rideaux. Cette disposition est surtout désagréable lorsque le jour est pris au midi : elle est moins pénible lorsque le jour vient du nord. S'il arrive de la partie située derrière l'auditoire, c'est le professeur ou l'orateur qui souffre, mais il se trouve éclairé de la manière la plus convenable pour les spectateurs.

Il existe, à l'amphithéâtre principal de l'École de Médecine de Paris, un effet de lumière très-désagréable. Le soleil, arrivé à la partie supérieure de sa course, pénètre par l'ouverture demi-circulaire pratiquée dans le milieu de la voûte pour éclairer l'amphithéâtre, et projette ses rayons éblouissants vers le milieu de l'auditoire. Le professeur et les auditeurs en sont alors également incommodés. L'incommodité est bien plus grande encore si les rayons solaires tombent sur un livre ouvert ou un feuillet de papier blanc, car le professeur se trouve alors ébloui d'une manière pénible par la lumière réfléchie. C'est là un grave inconvénient, à part les distractions qui en doivent résulter, dans les instants souvent où l'attention doit être requise tout entière. On a cherché à y obvier en recouvrant d'une toile grise la lanterne vitrée qui se trouve au-dessus de l'ouverture; mais cette toile enlève souvent trop de lumière, et parfois, agitée par le vent, elle occasionne des éclats subits de lumière qui fatiguent très-désagréablement la vue.

Dans les jours d'hiver, ou le soir, on supplée généralement par des lampes au défaut de lumière naturelle, dans les salles et amphithéâtres; mais ces lampes sont fréquemment placées de manière à éblouir les auditeurs sans éclairer convenablement les objets à voir : c'est là encore un des inconvénients qu'il suffirait de signaler pour le voir disparaître, tant il est simple d'y remédier.

CHAPITRE VIII.

Défauts résultant de la vicieuse position relative des spectateurs
et des objets à voir.

La position la plus simple et la plus naturelle pour
voir un objet, c'est de le regarder en face : placer les
spectateurs dans une direction telle que la vue soit
dans la *normale* aux objets à voir, tel est le moyen qui
se présente le premier à l'esprit, et l'on conçoit difficilement qu'il puisse en être trouvé, ni même cherché un
meilleur. On ne peut voir cependant, en général, dans
les amphithéâtres, et surtout dans les salles de spectacle, qu'au moyen de regards obliques, ou d'une position oblique de la tête ou du corps. Nous citerons encore
l'amphithéâtre du Jardin des Plantes (*fig.* **29**, *pl.* II)
comme exemple de l'agencement le plus vicieux qu'on
puisse imaginer pour la disposition des banquettes :
celles-ci sont en *fer à cheval*, et la table du professeur
de physique ou de chimie est placée sur la ligne qui
forme le prolongement des deux bases du fer à cheval.
Les deux tiers de l'auditoire se trouvent par conséquent
dans une position plus ou moins oblique par rapport
au lieu où sont placés les objets à voir.

Dans la construction récente de la Salle provisoire
destinée à l'Assemblée constituante de 1848, on a ren-

chéri sur cette disposition vicieuse en allongeant considérablement la forme du fer à cheval. Conçoit-on qu'on ait pu placer des auditeurs à quarante-deux et même quarante-cinq mètres de distance de l'orateur? et qu'on ait pu imposer à ce dernier l'obligation de faire vibrer, par la force de ses poumons, un cube d'air de seize à dix-huit mille mètres? aussi, est-il malheureusement impossible de se faire entendre dans cette enceinte.

Quelquefois encore, l'orateur, le professeur, ou les objets à voir, sont placés un peu haut pour être aperçus; mais généralement ils sont placés trop bas, par rapport aux spectateurs, dont les premiers font *écran* à ceux qui se trouvent placés derrière eux.

Dans les théâtres, les deux tiers, à peu près, des spectateurs sont placés obliquement à la scène; et la moitié au moins du nombre total ne peut pas voir, empêchée qu'elle est par les colonnes décoratives des avant-scènes et autres, par les cloisons des loges, et surtout par la *position des siéges* qui se trouvent toujours trop bas pour mettre les yeux à portée d'apercevoir tous les points, ou quelques points même de la scène, sans rencontrer les têtes des autres spectateurs qui font obstacle à la vue. On ne peut généralement bien voir que *l'ensemble* de la salle, mais fort peu la scène et ce qui s'y passe.

Dans les amphithéâtres, l'auditoire est placé sur des gradins disposés suivant un plan dont l'inclinaison paraît toujours arbitraire, et semble n'avoir jamais appelé la plus légère attention. *Les gradins des premiers spectateurs s'élèvent trop vite, et d'une quantité, quelle qu'elle soit, toujours trop considérable; tandis que les gradins des derniers spectateurs ne s'élèvent pas suffisamment.*

Chaque zone ou rang de spectateurs et d'auditeurs exige une certaine *largeur* qui peut être constante, et qui ne varie, d'une salle à une autre, que pour donner plus ou moins de commodité à la circulation et aux personnes assises. L'économie de l'espace horizontal et le *confortable* du public sont les deux seules raisons qui déterminent la largeur des gradins et de leurs siéges.

Mais il n'en est pas de même pour les *hauteurs* des gradins qui supportent les rangs ou zones successifs : ces hauteurs ne peuvent être constantes ; elles sont éminemment *variables* d'une salle à une autre, et surtout *progressives* à mesure que les zones s'éloignent du professeur, de l'orateur ou des objets à voir : c'est ce que nous démontrerons au chapitre XIV.

Dans tous les amphithéâtres, on semble donc avoir arrêté une inclinaison *quelconque* pour les gradins, et l'on a toujours le tort de la conserver régulière pour toute l'étendue qu'ils occupent.

On place encore assez souvent les gradins et leurs banquettes sur un *demi-cercle* dont les parties voisines des extrémités du diamètre ne sont jamais occupées, par cette raison qu'on voit mal les objets quand on est placé dans une position oblique, et qu'on entend également mal, quand on ne se trouve pas, comme nous l'avons dit, dans la direction particulière imprimée par la voix aux ondes sonores, ou dans une position formant un angle le plus rapproché possible de cette direction. Lorsque les gradins sont disposés sur un plan de forme carrée, ou suivant un carré long, il y a toujours également absence d'auditeurs sur les deux côtés qui avoisinent l'emplacement occupé par le professeur. L'Optique et l'Acoustique s'accordent encore sur ce point pour demander une modification dans la forme des amphithéâtres.

Les couloirs, escaliers ou vomitoires placés dans le centre des amphithéâtres sont toujours d'un effet nuisible en ce sens qu'ils suppriment les meilleures places, ou que l'on s'y tient debout ; ou bien encore parce qu'ils causent au professeur ou à l'orateur des distractions désagréables et inconvenantes, par le mouvement continuel de va-et-vient qui y a lieu, et qu'on ne peut s'empêcher de remarquer.

CHAPITRE IX.

Conditions d'Acoustique favorables aux théâtres et amphithéâtres
selon leur destination.

La voix articulée, la parole humaine, n'est bien claire et facilement entendue, que lorsqu'elle s'émet et se propage lentement, avec une certaine uniformité, quoique surtout sans monotonie. Pour être facilement perçue, la parole doit arriver à l'organe de l'ouïe, simple et sans accompagnement; tandis que la voix *chantée*, les sons musicaux, sont, la plupart du temps, plus agréables à entendre avec des accords et des accompagnements harmoniques provenant des résonnances locales. Quand on parle dans un espace clos de toutes parts, les ondes directes et les ondes réfléchies se croisent, et n'arrivent pas toujours exactement dans le même temps à l'oreille; on n'entend très-souvent que des sons mêlés, qu'un bourdonnement confus, fatigant, et qui nuit considérablement à l'intelligibilité de la parole. Mais si l'on chante, les résonnances sont presque toujours des accompagnements favorables à la voix, surtout si la personne qui émet les sons vocaux sait *ménager* et *conduire* sa voix de manière à profiter des accompagnements naturels qu'elle rencontre. Ce qui est exact pour la voix, l'est également pour la musique instrumentale.

Nos amphithéâtres étant généralement destinés à faire entendre la parole des orateurs et des professeurs, on doit rechercher, dans la construction de ces salles, tout ce qui peut rendre l'émission de la voix facile, claire et puissante. La forme doit être en harmonie avec le genre d'ondulations sonores qui s'y produisent. Si donc on considère de quelle manière se propagent les ondes sonores, produites par la parole, leur intensité particulière dans le sens vers lequel l'orateur envoie, pour ainsi dire, ses paroles, on voit que l'espace le plus convenable pour contenir un auditoire doit affecter une forme triangulaire, celle d'un quart de cercle, par exemple (*fig.* 43, *pl.* II), dont l'orateur occuperait le lieu à proximité du sommet de l'angle, ou du point central. L'expérience prouve tous les jours que cette forme serait convenable, puisque les auditeurs qui remplissent un amphithéâtre, commencent toujours par former un noyau occupant le centre de l'espace qui leur est destiné ; puis ce noyau s'étend successivement sous une forme à peu près triangulaire, ou circulaire, et située en face du professeur (*fig.* 33, *pl.* II). Les flancs des amphithéâtres ne sont jamais occupés que lorsqu'il n'y a plus moyen de trouver place dans la partie centrale ; et l'on aime ordinairement mieux se trouver un peu plus loin, mais de face, que plus près et par trop de côté.

Si nous ramenons ensuite notre attention sur la manière dont se réfléchissent les sons, il est facile d'en déduire la forme la plus convenable et la mieux appropriée à ce genre de réflexions. Or, nous savons que la parabole renvoie parallèlement à son axe tous les rayons qui partent de son foyer ; la forme des amphithéâtres devrait donc être parabolique ; et l'ensemble de ses murs, avec l'auditoire et le plafond, se rapprocher, le plus possible, d'un paraboloïde, dont l'orateur ou le professeur occuperait le foyer. Les deux côtés d'un angle droit seraient les asymptotes de la parabole la plus convenable pour les amphithéâtres ; il ne faudrait du moins s'écarter que très-peu de l'angle à 90°, afin d'éviter les positions obliques des auditeurs par rapport au professeur. Les deux branches de la parabole peuvent ensuite se prolonger indéfiniment, ou du moins suivant le besoin nécessaire pour le nombre d'individus composant l'auditoire.

Néanmoins, comme l'indiquent la *fig.* 37, *pl.* II, et la *fig.* 5, *pl.* III, lorsque la salle atteint une certaine dimension, les deux lignes obliques limitant les côtés de l'amphithéâtre doivent se briser et devenir parallèles, dans une longueur plus ou moins importante, avant d'atteindre le fond de la salle. On obtient ainsi un groupement de l'auditoire plus central, et d'une surface relativement moins étendue. Lorsque la salle arrive à de grandes dimensions, l'angle formé par les deux lignes obliques, limitant les côtés de l'espace, doit être plus ouvert que l'angle droit, afin de rapprocher la masse des auditeurs de la partie centrale (*fig.* 5, *pl.* III).

On voit qu'il existe une différence radicale entre la forme la plus rationnelle, et celle qu'on est dans l'habitude de donner aux amphithéâtres, qui sont, la plupart du temps, *demi-circulaires*. Le meilleur moyen d'utiliser ceux-ci serait peut-être de renverser la disposition relative des gradins et de l'orateur, en plaçant l'auditoire du côté du diamètre, et l'orateur sur la circonférence, ou vers l'extrémité du rayon perpendiculaire au diamètre (*fig.* 39, *pl.* II). Car l'orateur est placé dans l'endroit le plus spacieux de la salle, quand il devrait en occuper le moins large, afin d'envoyer les ondulations sonores dans un espace utilement occupé par les personnes qui doivent les entendre; et non dans un espace où elles sont inutiles, ou perdues, lorsqu'elles ne deviennent pas nuisibles par les résonnances particulières qu'elles y déterminent.

L'auditoire des amphithéâtres ne doit pas être disposé sur un plan horizontal, car à moins d'élever un orateur comme dans les églises (*fig.* 13, *pl.* I), il ne serait pas aperçu, et d'ailleurs les ondes sonores arrivent moins facilement sur les auditeurs placés dans cette position. Il est mieux, il est même presque indispensable de les disposer suivant une certaine inclinaison, comme on est d'ailleurs dans l'habitude de le pratiquer journellement. Les ondes, dans ce cas, pénètrent plus facilement la masse sur laquelle elles doivent produire leur effet acoustique. Mais l'inclinaison de l'auditoire ne peut pas être arbitraire; elle ne doit être ni trop faible, ni trop considérable, et surtout ne pas avoir lieu suivant une ligne *droite*, mais suivant une ligne *courbe*, afin de satisfaire à la fois aux conditions nécessaires pour bien entendre et bien voir.

Les auditeurs ou spectateurs étant placés sur une surface inclinée, ou pour mieux dire sur des gradins tangents à une surface oblique à l'horizon, si l'on cou-

vre l'amphithéâtre, c'est-à-dire, si l'on forme son plafond par un plan horizontal, il existera au-dessus du
professeur, ou de l'orateur, un espace considérable
offrant un cube d'air nuisible à la perceptibilité des
sons, en ce sens que non-seulement il doit être ébranlé
par la voix comme le reste de la masse d'air; mais
encore parce qu'il donne souvent naissance à des ondulations nouvelles qui produisent une sonorité qu'il
faut éviter. Pour obvier à cet inconvénient possible, il
y aurait donc lieu d'incliner le plafond des amphithéâtres du côté des orateurs ou professeurs, et dans le
même sens que l'inclinaison de l'auditoire. C'est encore justement le contraire qui a ordinairement lieu
dans les amphithéâtres existants, où l'auditoire est
placé sur une inclinaison quelconque, conique, ou
plane, et recouvert d'une voûte en quart de sphère, de
sphéroïde ou d'ellipsoïde, ou bien en arc de cloître, et
dont la partie la plus élevée, dans tous les cas, correspond à la portion la plus basse de l'auditoire. L'orateur
a toujours ainsi, au-dessus de sa tête, une atmosphère
immense, où la puissance des ondulations sonores va
se perdre au détriment de l'auditoire, en y produisant
des résonnances et souvent des échos qui peuvent aller
jusqu'à empêcher de percevoir les sons, dans le cas où
la voix de l'orateur est faible.

L'inclinaison des plafonds ou voûtes des amphithéâtres devrait être déterminée, comme la position des
murs principaux, par une parabole disposée de manière
à renvoyer sur les auditeurs, et par le plus court che-
min, les ondes directes qui viennent s'y réfléchir.
Quant à la courbe d'inclinaison particulière à l'audi-

toire, elle se rapproche d'une courbe parabolique ; et comme cette courbe doit d'ailleurs satisfaire à certaines exigences d'Optique, nous la décrirons plus amplement ci-après, chapitre XIV.

Toutes les parois d'un amphithéâtre, construit avec des surfaces de réflexion paraboliques, devraient être formées de substances solides, résistantes, parfaitement unies et polies, afin de favoriser le plus possible la répercussion des ondes qui, dans un amphithéâtre de ce genre, marcheraient toutes dans le même sens, qu'elles fussent directes ou réfléchies ; les parois en marbre, en pierre ou en stuc, devraient toujours être préférées aux revêtements en bois. Mais il convient de revêtir de substances molles et épaisses, de draperies absorbantes, la partie du fond des amphithéâtres, afin que les ondes sonores, amorties par ces substances, ne puissent pas être renvoyées par la réflexion vers le lieu de l'ébranlement, ou vers tout autre. Cette réflexion ne saurait être un inconvénient pour les derniers auditeurs, mais elle serait nuisible aux premiers, parce que, pour ceux-ci, il se passerait un temps assez sensible entre la perception de l'onde directe et celle de l'onde réfléchie ; ce qui ne peut avoir lieu pour les derniers auditeurs.

Quant aux gradins qui supportent l'auditoire sur l'inclinaison qui lui est convenable, ils doivent être établis solidement et de manière qu'ils ne puissent pas vibrer sous l'influence des ondulations sonores, qu'ils soient ou non entièrement occupés par l'auditoire. L'un des meilleurs moyens à employer pour empêcher la sonorité des gradins est sans contredit l'emploi des tapis dont on peut recouvrir toute leur surface, et la garniture ou recouvrement des banquettes. Il serait également très-convenable d'établir directement les gradins sur des voûtes en maçonnerie, au lieu de poteaux en charpente ou en menuiserie.

On comprend que les salles de spectacles ne peuvent être construites et disposées comme les amphithéâtres; en effet, la scène occupe une étendue plus vaste que la tribune d'un orateur, que la chaire ou la table d'un professeur; il faut de plus un orchestre qui doit contenir un certain nombre de musiciens instrumentistes. puis, les gradins en amphithéâtre ne suffiraient plus pour réunir un nombreux auditoire, à moins de donner à ces gradins une étendue considérable, mais qui deviendrait alors nuisible à la perceptibilité des sons et a la visibilité des objets. On a suppléé à l'inconvénient d'étendre indéfiniment une forme amphithéâtrale, en adoptant une disposition particulière au moyen de laquelle on parvient à placer un certain nombre plus considérable de spectateurs, sans augmenter l'étendue horizontale de la salle. On dispose sur les parois verticales limitant l'espace plusieurs étages de galeries intérieures, le plus généralement tenues en bascule. et dont chacune contient quelques rangées de spectateurs; ce qui donne à nos théâtres modernes un caractère distinctif sur les théâtres anciens, qui ne contenaient jamais qu'une scène et des gradins circulaires disposés suivant une surface conique. De cette manière, on multiplie la surface d'une certaine zone parallèle à la ligne qui forme le contour de la salle; cette surface est répétée de trois à six fois, selon la hauteur des salles ; et l'on parvient, par ce moyen, à renfermer dans un emplacement assez limité un auditoire qui occuperait trois fois plus de surface, s'il fallait le disposer sur une seule et unique inclinaison continue. La scène, l'orchestre des musiciens et les galeries, telles sont les différences essentielles qui existent entre un amphithéâtre moderne et une salle de spectacle ; différences qui rendent cette dernière d'une construction et d'une disposition plus difficiles.

Quelle est la marche généralement suivie pour l'étude et la construction d'un théâtre ? Ne pense-t-on pas d'abord à la partie décorative, à l'ornementation de la salle, et fort peu à la scène, dont on n'examine le *poncis* que pour le copier à une échelle convenable ? Si l'on revient ensuite à la salle, c'est pour la forme, la *coupe* générale du vaisseau qui varie peu d'ailleurs, également à cause du peu de variété qui existe dans les poncis de salles. Quant à l'auditoire que la salle doit contenir, et pour l'usage, l'agrément et la commodité duquel elle est en réalité construite, on ne s'en occupe guère qu'en dernier lieu ; et ce n'est encore que pour l'asseoir, d'une manière plus ou moins incommode, sur du velours vert ou sur du velours rouge, dans des *boîtes* fermées (loges), ou sur des galeries ouvertes, et nullement pour qu'il puisse VOIR et ENTENDRE.

Rationnellement, ne devrait-on pas suivre une marche opposée ?... Placer d'abord l'auditoire, c'est-à-dire déterminer, en *plan* et en *coupe*, la place occupée par chaque individu, et disposer cette place de telle sorte qu'on y puisse *voir* et *entendre* convenablement ce qui se passe, ce qui se dit sur la scène ; de l'ensemble des places ainsi déterminées, déduire une forme générale de salle : satisfaire, en un mot, à un besoin impérieux, puis ensuite étudier la construction et l'ornementation, de manière à ne pas nuire à l'Acoustique et à l'Optique de la salle ; mais favoriser, au contraire, tout ce qui peut rendre la perception des sons plus facile et plus agréable ; et enfin tout ce qui peut faciliter la vue des effets scéniques ?

Nous ne parlerons pas (car ceci est étranger à notre sujet) de l'habitude où l'on est d'*habiller* richement l'extérieur de nos théâtres, dans une partie seulement de leur hauteur ; d'y percer des fenêtres qui correspondent rarement, en nombre et en dimensions, aux étages intérieurs ; de décorer les deux tiers, à peu près, de la hauteur totale de l'édifice, et de laisser le reste en murs tout lisses, ou en *toiture* d'un effet encore plus contrastant. Les anciens étaient loin d'agir ainsi ; et il n'est pas jusqu'au système de leurs couvertures en *voiles tendues*, qui ne devînt pour eux un motif d'ornement judicieux, et ne donnât à leurs monuments un caractère à la fois distinctif et rationnel.

Pour remédier en partie aux défauts acoustiques qui existent dans les salles de spectacles actuelles, on pourrait essayer de remplir les conditions suivantes : la forme générale devrait être évasée vers le fond, en même temps que très-rapprochée de la scène ; celle-ci la plus étroite et la moins haute possible ; et il serait bon de pouvoir supprimer totalement sa profondeur, quand on voudrait obtenir les meilleurs effets, soit des chants, soit des instruments de musique. Au lieu de toiles, de rideaux, de manteaux d'arlequin et de châssis de coulisses, il faudrait, comme dans les théâtres antiques, ce qui est bien difficile avec nos besoins et nos usages, des parois résistantes qui pussent, non pas absorber et éteindre les sons, mais les répercuter de la manière la plus complète.

L'orchestre devrait être également entouré de parois résistantes, et surtout reposer sur un sol ferme et solide, afin que les sons qu'on y produit puissent être renvoyés dans la salle entière avec toute leur intensité. On construit actuellement une sorte de cuve ou fosse à parois lisses sous le léger plancher qui supporte les orchestres, dans les théâtres spécialement consacrés à la musique; cette fosse est sans doute construite pour former une capacité destinée à renforcer les sons; mais quelle issue les sons qui vibrent dans cette cavité peuvent-ils trouver pour se répandre dans la salle? Le plancher des musiciens qui la recouvre, leurs siéges et leurs instruments doivent vibrer considérablement, et certainement de telle sorte que les instruments s'influencent réciproquement d'une manière nuisible. Il ne résulte donc aucun avantage, aucune utilité, pour la masse des auditeurs, de la construction de ces fosses sonores, qui, convenablement disposées, seraient peut-être plus utiles sous les auditeurs que sous les musiciens, et rempliraient à peu près l'office des vases renforçants des anciens.

Il faudrait se garder de placer des colonnes aux avant-scènes, ainsi que sous les galeries, ou étages divers, et de diviser ceux-ci par des cloisons : les ondes sonores sont déformées et brisées d'une manière nuisible par tout ce qui fait saillie; les cloisons et les loges donnent d'ailleurs des resonnances locales, ou produisent des assourdissements qui sont rarement d'un heureux effet. Afin d'éviter le croisement des ondes par leur répercussion intempestive sur les surfaces éloignées du lieu de production des sons, il serait convenable de les amortir sur les plafonds, ainsi que sur le fond et les devantures des galeries. Si l'on ne veut obtenir que des ondes directes, renforcées seulement dans le lieu d'émission, on peut être sûr alors qu'en aucun point de la salle on n'éprouvera d'échos, ni même de résonnances désagréables. Mais si la salle est de petite dimension, et destinée principalement à faire entendre de la musique, il vaut mieux que toutes les surfaces soient répercutantes.

Il est impossible d'ailleurs de poser des règles absolues, applicables à toutes les salles : ces règles doivent, au contraire, être modifiées suivant l'étendue de ces salles. On conçoit, en effet, que les ondulations sonores, parcourant 350 mètres environ par seconde, produisent des croisements d'un effet utile dans de petits et moyens espaces, mais très-nuisibles dans les espaces trop grands. Ainsi donc, telle disposition qui convient à une localité, peut ne pas convenir à une autre.

Pour remplir efficacement le rôle auquel sont destinées les *chaires* à prêcher ou à lire, l'*abat-voix* et le *dossier* doivent présenter des surfaces de répercussion lisses, polies, et surtout construites en matières parfaitement résistantes et préférablement en marbre ; ces surfaces doivent être, en outre, convenablement orientées et paraboliques.

Dans les salles de concerts, circulaires ou carrées,

surtout lorsqu'elles ne sont pas trop étendues, et qu'elles sont destinées à de la musique instrumentale, il peut être très-convenable de placer l'orchestre au centre, et de laisser s'opérer le croisement des ondes sonores. L'orchestre serait un peu élevé, afin que les ondulations se répandent facilement; et l'auditoire sur une courbe inclinée légèrement, afin d'éviter une trop grande hauteur, et, par suite, une trop grande masse d'air, avec une différence de température trop notable entre les gradins du bas et ceux du haut de la salle. Des murs à parois solides et polies répercuteraient les ondes avec avantage et augmenteraient la sonorité. Le plafond serait plan, ou légèrement parabolique, d'une nature également dure et résistante, bien loin d'être formé de toile, de planches ou d'un léger enduit de plâtre retenu par des lattes; construit avec autant de légèreté, il absorbe une partie de la force vive des ondulations sonores, au lieu de les répercuter de la manière la plus profitable.

Dans les cas où des chants à une ou plusieurs voix doivent se faire entendre, il vaut mieux alors que l'orchestre soit placé sur l'un des côtés de la salle; d'abord, parce que la voix a une direction particulière, et qu'il est plus agréable de se trouver dans les ondes directes des sons qu'elle produit, et ensuite, parce que l'on aime généralement à voir les personnes qui chantent, en même temps qu'on les entend. Si la salle offre la forme d'un parallélogramme, l'orchestre prendra place sur l'un des grands côtés. Dans une salle de concert de peu d'étendue, il faut que toutes les parois soient très-répercutantes et vibrantes, car les croisements des ondes ne sauraient, dans ce cas, produire des échos, mais des résonnances utiles. Si, au contraire, la salle occupait une vaste étendue, il conviendrait de rendre *réfléchissantes* toutes les parois qui avoisinent le lieu des ébranlements sonores, et *absorbantes* les parois qui sont éloignées.

On voit par ce qui précède que pour un concert instrumental la place de l'orchestre sera la meilleure possible au centre, et pour un concert vocal sur l'un des côtes. Il suffit d'avoir réfléchi quelques instants à ces considérations d'Acoustique pour sentir parfaitement ce qui convient, ou ne convient pas, dans les cas très-variés qui peuvent se présenter.

Il est cependant une remarque essentielle à faire, et qu'il ne faut pas perdre de vue : c'est qu'un certain espace, un certain volume d'air suffisamment étendu, et toujours proportionné à l'importance de l'instrumentation musicale, est toujours nécessaire, indispensable pour la production des sons musicaux. En effet, puisque les ondes réagissent les unes sur les autres, si elles ne peuvent se développer suivant une certaine étendue, les sons ne peuvent sortir avec toute leur puissance, soit de la voix, soit des instruments : les harmoniques ne peuvent pas se dégager, et il y a comme une sorte d'étouffement qui cause aux auditeurs une sensation pénible.

CHAPITRE X.

La lumière éclatante et directe blesse toujours l'organe de la vue ; la sensation est d'autant plus pénible que la lumière est plus intense, ou que le contraste entre la lumière et l'obscurité est plus grand ; tandis que la lumière diffuse est plus agréable aux yeux et ne blesse jamais que par un contraste accidentel et très-prononcé entre elle et l'obscurité. Il faudrait donc éviter, dans les salles de réunions publiques, éclairées soit par la lumière du jour, soit par la lumière artificielle, d'y laisser pénétrer une lumière trop vive, surtout lorsqu'elle n'est pas distribuée par plusieurs points à la fois : il est important de la répandre en quantité, mais il faut en opérer la diffusion de la manière la plus parfaite.

Dans les théâtres, la lumière est ordinairement produite par des lustres qui la répandent à flots, mais toujours au préjudice d'une bonne partie des spectateurs qui sont éblouis et ne peuvent plus voir aussi bien. Il serait peut-être plus convenable d'y placer le système d'éclairage plus près des plafonds : dans cette position, du moins, la lumière serait moins fatigante, et ne blesserait notre organe que lorsqu'on fixerait directement les yeux sur elle. Les galeries pourraient également recevoir la lumière d'un système d'éclairage placé sous les plafonds, et en forme de rampes, de manière à éclairer les personnes qui s'y trouvent assises, et sans être visible pour les autres spectateurs. La lumière ainsi disposée sur plusieurs points du plafond, et sous le pourtour de toutes les galeries, pourrait être en plus grande quantité que celle qui existe aujourd'hui ; mais, plus disséminée et mieux cachée, elle serait beaucoup moins fatigante. Il serait convenable aussi de l'adoucir par des verres dépolis, qui, en la tamisant, pour ainsi dire, la rendent plus douce et plus agréable aux yeux. Peut-être y aurait-il encore moyen de placer tout foyer lumineux au-dessus du plafond de la salle, et de diriger la lumière sur tous les points au moyen de réflecteurs disposés pour la répandre également dans toutes les parties de la salle : c'est une question assez importante pour qu'elle mérite d'être étudiée sérieusement.

La lumière, dans les salles construites seulement en vue des *jeux* et des *effets scéniques*, et non du spectacle *d'ensemble* de la salle, pourrait n'être pas éteinte par les tons rouges foncés qu'on est dans l'habitude d'employer sur les parois des murs et des cloisons, afin de faire ressortir avantageusement les figures et les toilettes des femmes. Toutes les parois en tons blancs ou clairs permettraient une lumière plus abondante et moins vive à la fois, de quelque foyer qu'elle vienne ; elle serait moins pénible aux yeux par cela même qu'on éviterait ainsi tout contraste prononcé entre le sombre et le lumineux.

Dans les amphithéâtres, la lumière du jour qui vient

par les côtés est sans contredit celle qui éclaire le mieux sans fatiguer ni le professeur, ni les auditeurs. Il est bon de la répandre à grande profusion, et, lorsqu'il est possible, par toute la partie supérieure des murs, comme au Cirque des Champs-Élysées, par exemple. Les jours pris au nord sont bien préférables à ceux pris au midi ; ils sont moins fatigants, car ils n'éprouvent pas de changements alternatifs dans leur intensité.

Les objets diminuant de volume apparent à mesure qu'on s'en éloigne, il est utile de grouper les spectateurs le plus près possible des objets à voir. Il y a donc pour cela intérêt à construire les espaces moins vastes, sans pourtant créer de la gêne. Une condition non moins essentielle pour bien voir, c'est d'être placé commodément, et dans une direction normale aux objets à voir. Non-seulement il ne faut aucune espèce de cloison qui soit un obstacle à la vue de quelques spectateurs, mais encore les banquettes des galeries devraient être disposées dans une direction parallèle, et non pas perpendiculaire à la scène, et échelonnées de telle sorte qu'un spectateur ne puisse jamais faire écran au spectateur placé derrière lui. Les salles de spectacle devraient surtout être moins élevées, car dans la partie supérieure, il n'est plus possible d'apercevoir la scène d'une manière convenable, à cause de la proximité du lustre, de l'obliquité des rayons visuels et de la grande distance où l'on se trouve de la scène ; il y fait d'ailleurs une chaleur d'autant plus insupportable qu'on est plus élevé.

Un pas important vient d'être fait hors des habitudes

ou s'étaient maintenus jusqu'à ce... sur les constructeurs
de théâtres... nous voulons parler des améliorations
notables dans la coupe générale de la salle, et dans la
disposition de l'auditoire du *Théâtre-Historique*, à Paris.
On y a rompu pour la première fois avec les éternelles
colonnes d'entre-colonnes, remplacées par des *solives de
fonte* mesurant vraiment plus remarquables. La baie de la
scène, fermée par le rideau, est considérablement accrues,
et découverte tout-à-fait. La forme elliptique de la salle a
permis de rapprocher considérablement l'auditoire de
la scène, le grand diamètre de l'ellipse étant parallèle
à cette dernière. Le lustre central a été remplacé par
deux lustres placés aux foyers de l'ellipse, et dont la
position n'aurait pu gêner que certains spectateurs, qui
eussent été placés trop obliquement, et trop haut, pour
apercevoir commodément la scène; aussi a-t-on sup-
primé les places derrière les lustres. Cette forme de
théâtre, construite sur une grande échelle, et avec les
améliorations que l'expérience indique toujours, pourrait servir de modèle à une magnifique salle d'*Opéra*,
qui deviendrait plus parfaite encore, en y ménageant
les moyens acoustiques que la théorie et l'expérience
indiquent. Toutefois ce genre de salle ne saurait convenir parfaitement qu'aux effets scéniques, car elle
laisserait peut-être beaucoup à désirer comme coup
d'œil général, comme décoration, et peut-être l'habitude
à reconquérir dans certains théâtres.

L'enceinte de la *Chambre des Députés*, à Paris, est une
construction digne d'imitation pleine de goût et de talent des
théâtres antiques; c'est un portique antique, mais ap-
proprié à nos usages, à nos besoins, à notre climat

L'imitation des théâtres antiques disparaîtrait sans doute, en cette circonstance, si l'on suivait, pour première donnée d'une enceinte de ce genre, les formes les plus favorables à l'Acoustique, et qu'on aurait préalablement déterminées par des expériences directes et spéciales. L'art consisterait ensuite, non pas à pasticher avec plus ou moins de bonheur des formes et des dispositions qui ont eu leur raison d'être, mais à en créer de nouvelles, et à les orner judicieusement : nul doute que les grands artistes de nos jours ne possèdent tout le savoir et le talent nécessaires pour atteindre parfaitement un nouveau but, si digne de leurs efforts, s'ils veulent y marcher résolûment,

CHAPITRE XI.

Le cercle a été de tout temps la figure qui a servi presque exclusivement à déterminer la forme des amphithéâtres. Placer en un centre commun les objets à voir, le professeur ou l'orateur à entendre, et disposer les spectateurs sur des circonférences de cercles concentriques, telle est la forme la plus simple et qui se présente le plus tôt à l'esprit.

Mais cette disposition n'est pas, comme nous allons le voir, la plus favorable à l'Acoustique, et ne facilite pas la visibilité des objets, quoiqu'elle ait l'avantage de grouper les auditeurs plus près de l'objet à voir, et de les placer dans une position toujours normale par rapport au centre occupé par cet objet.

Le cercle est sans contredit la figure dans laquelle on peut établir, sans surface perdue, des lignes parallèles, ayant toutes des normales convergentes vers un centre commun; en plaçant l'auditoire sur des circonférences de cercles concentriques, on satisfait bien aux conditions les plus favorables à la perceptibilité des sons, et à la visibilité directe et facile des objets, mais dans le cas seulement où il s'agit d'entendre ou

de voir d'une manière quelconque : les zones circulaires peuvent alors être entières, comme dans les
cirques antiques et modernes, où la scène à voir se
trouve placée dans un certain espace qui occupe le
centre de figure de l'amphithéâtre.

Mais un professeur, un orateur, une foule d'objets, tels qu'un tableau de démonstrations, une expérience, etc., ne peuvent se voir facilement que de face,
et plus on s'écarte de la ligne perpendiculaire à ces
objets, plus la visibilité en devient difficile, incom-
plète, impossible même. En sorte qu'il arrive un certain cas où il vaut mieux être placé un peu plus loin,
mais de face, que se trouver plus près, mais de profil.
(Voir le plan de l'amphithéâtre de l'École de Médecine,
fig. 27, *pl.* II, et celui du Conservatoire des Arts et
Métiers, *fig.* 55, *pl.* II.)

Si l'on divise un demi-cercle en trois parties inégales, par deux lignes à 45 degrés, partant du centre,
et se coupant à angle droit, toutes les places situées
sur la partie centrale, sur le secteur du centre, seront
préférables à celles situées sur les côtés, au delà des
lignes à 45 degrés ; et avant même d'atteindre la base
du demi-cercle, la position devient si désagréable et
si pénible, que dans tous les amphithéâtres dont la
forme est demi-circulaire ou s'en rapproche, ces espaces en dehors des lignes à 45 degrés, ne sont jamais occupés que lorsqu'il n'y a plus moyen de trouver de places ailleurs.

On a tracé sur la figure 55 des lignes concentriques
qui indiquent d'une autre manière comment un amphithéâtre, à plan demi-circulaire, est successivement

rempli par les auditeurs. C'est d'abord un petit noyau
de forme ronde, en face du centre ; ce noyau s'élargit peu à peu, et ne conserve pas le même centre que
le noyau primitif, puisqu'il ne peut s'étendre que vers
l'extrémité opposée à la place du professeur. Quand ce
noyau a atteint, en grossissant, la circonférence de
l'amphithéâtre, il y est comme aplati contre la paroi
circulaire, et il s'étend alors successivement, suivant
des lignes courbes, vers la base du demi-cercle formant le plan de l'amphithéâtre. Cette observation est
également applicable à un amphithéâtre d'une autre
forme, et ayant un centre occupé par un professeur
ou un orateur.

Dans un auditoire disposé suivant des lignes droites
parallèles entre elles, chaque auditeur, si l'on en ex-
cepte les personnes placées sur l'axe passant par le
centre de l'amphithéâtre, ne peut regarder vers un
seul et même point qu'à la condition qu'il tournera
plus ou moins la tête, soit à droite, soit à gauche,
suivant qu'il s'éloigne davantage, à droite ou à gauche
de l'axe ; de cette position résulte une gêne très-fati-
gante.

La forme la plus commode pour les amphithéâtres
peut donc être circulaire, si l'on veut, mais elle doit
se rapprocher seulement d'un quart de cercle, et ne le
dépasser en largeur que le moins possible *fig.* 45 *pl.* II .
Cependant, lorsqu'il s'agit de voir, non pas un seul
point, mais divers objets répartis suivant une ligne
droite, l'auditoire doit être rangé sur des lignes parallèles à cette ligne de scène *fig.* 46 . Dans les cas
les plus ordinaires, où cette dernière est limitée, et

par conséquent moins étendue que le côté formant la base de l'espace occupé par l'amphithéâtre, les lignes parallèles des gradins de l'auditoire devront tourner circulairement autour des extrémités de la ligne de *scène*; et dans ce cas la forme de l'amphithéâtre devient allongée, et présente une surface composée de deux quarts de cercle, réunis par un carré plus ou moins allongé, en raison de la longueur de la ligne de *scène* A B (*fig.* 41).

Cette ligne de scène A B peut n'être pas droite, mais circulaire et concentrique aux zones des gradins (*fig.* 28, 38, 39, 42 et 43). Dans ce cas, le centre réel qui a servi à tracer un amphithéâtre à gradins circulaires, et qui se trouve le plus souvent au dehors de l'amphithéâtre, n'est pas le lieu où la visibilité doit être ménagée pour tout l'auditoire; mais ce lieu de visibilité doit se rapprocher de l'auditoire, en s'éloignant du centre des zones circulaires; c'est la ligne A B des *fig.* 28, 38, 39, 41, 42 et 43.

Dans ce dernier cas, et pour un amphithéâtre ayant la forme d'un parallélogramme, il faut, pour que toutes les places soient à peu près également bonnes, que la profondeur de l'amphithéâtre, en face de la table ou ligne de *scène*, et les parties de sa largeur en dehors des extrémités de cette table, soient à peu près égales, afin que l'auditoire, s'il ne peut pas être groupé autour d'un centre commun, le soit, pour ainsi dire, sur une ligne droite ou courbe. Du reste, le côté de l'amphithéâtre auquel est adossé le professeur, ne doit pas présenter une ligne droite continue dans toute la longueur de l'amphithéâtre; aux deux extrémités de la table, le mur limitant l'amphithéâtre doit prendre deux directions à 45 degrés environ, en sens opposés, afin de réduire ou plutôt de supprimer les espaces inoccupés, inutiles et nuisibles (*fig.* 42).

La chose la plus essentielle dans un amphithéâtre, où l'on a d'ailleurs ménagé toutes les conditions favorables aux meilleurs résultats acoustiques, c'est de bien déterminer la position des *point*, *ligne* ou *lieu* de *scène*, comme distance et comme hauteur, par rapport à l'auditoire ; c'est de là surtout que résulte la qualité si nécessaire aux amphithéâtres, celle qui rend le lieu de *scène* visible de toutes les parties de l'auditoire. Selon que ce lieu sera trop près, ou trop éloigné, l'auditoire ne verra qu'imparfaitement ; tandis que si ce lieu est convenablement fixé, et dans un emplacement bien déterminé, tout l'auditoire verra, non-seulement ce lieu, comme *minimum* de visibilité, mais il apercevra encore, avec une plus grande facilité, tous les objets placés au delà, ou plus élevés ; à la condition expresse, toutefois, que ces gradins affecteront une certaine disposition en rapport avec ce lieu de scène.

En d'autres termes, si nous considérons une coupe verticale des gradins de l'auditoire, coupe qui passerait par le centre du demi-cercle, formant le plan d'un amphithéâtre, ou par le milieu d'un parallélogramme quelconque, il faut remarquer que le centre de visibilité n'est pas situé sur une ligne verticale passant par le centre du plan ou des banquettes, mais sur un point d'une autre ligne verticale, plus rapprochée de l'auditoire, et à son intersection par la ligne de *scène*, dont la hauteur et la distance seront définies ci-après, chapitre XIV,

Les dimensions d'un amphithéâtre devraient toujours être en rapport avec un auditoire déterminé de nombre, et considéré comme une masse, pour ainsi dire indécomposable, c'est-à-dire, qui ne devrait ni augmenter, ni diminuer : elle ne devrait pas augmenter, parce que les limites de l'amphithéâtre ne le permettent pas, à moins de faire éprouver une gêne à chacun des auditeurs en les serrant davantage ; elle ne devrait pas diminuer non plus, car il en résulte un grand désavantage, une perte réelle, par cette raison que la ligne de *scène*, devant être calculée et disposée pour l'utilité d'un certain nombre de spectateurs, tout l'avantage réservé à la portion absente de l'auditoire ne peut pas profiter à la portion présente ; et que ce n'est, en quelque sorte, qu'au détriment des premières zones de l'auditoire, qu'on facilite aux dernières la visibilité des objets. C'est comme si, dans une salle qui pourrait contenir six cents personnes à l'aise, et qu'on chaufferait pour ce nombre, on ne mettait que trois cents personnes seulement. Il y aurait de la chaleur perdue, puisqu'il en faudrait moins pour chauffer une salle de moitié moins grande : il y a, si nous pouvons nous exprimer ainsi, *visibilité perdue*, ce qui est bien autrement important que de la chaleur. En effet, la portion de visibilité perdue est irréparable et d'aucune utilité possible pour les personnes présentes.

Pour mieux voir et pour mieux entendre, on l'a déjà dit, il faut être placé le plus près possible de l'objet à voir, ou des sons à entendre, surtout lorsque ce sont des objets ténus et délicats, et des sons particuliers, la parole d'un orateur ou d'un professeur, par exemple.

La position la plus rapprochée possible ne peut s'obtenir, pour plusieurs personnes ayant même droit et même besoin d'entendre, qu'en les plaçant toutes sur une circonférence de cercle entière, si toutefois on peut voir l'objet ou entendre le son indifféremment de tous côtés; ou sur une demi-circonférence de cercle, si l'on ne peut voir et entendre commodément que d'un seul côté du même objet. Mais comme la circonférence du cercle augmente en raison du nombre de personnes, et que le rayon augmente relativement, il s'ensuivrait qu'une partie de la visibilité des objets, et de la perceptibilité des sons, serait également perdue pour tous, à mesure que le nombre des individus composant l'auditoire augmenterait.

Mais au lieu de placer les auditeurs sur un seul rang sur une seule circonférence de cercle, pour que toutes les places soient également bonnes, ou plutôt également médiocres, il est plus rationnel de placer l'auditoire sur une surface de cercle, divisée en zones concentriques, mais à partir seulement d'une certaine *distance* du centre, jusqu'à la circonférence, et d'avoir ainsi des rangées successives et concentriques d'auditeurs : par ce moyen, quelques places sont très-bonnes, et toutes sont meilleures que si elles étaient disposées sur une seule et même circonférence de cercle. Il est évident d'ailleurs, que si un certain nombre d'auditeurs sont contenus dans l'intérieur d'un cercle, la circonférence de ce cercle sera d'un moindre rayon que celui d'une circonférence sur laquelle le même nombre d'auditeurs seraient répartis.

Qu'un auditoire soit placé sur des zones circulaires...

ou suivant des lignes droites parallèles, il est toujours indispensable, pour faire apercevoir un seul et même objet à la totalité des spectateurs, *ou d'élever* suffisamment cet objet au-dessus du plan horizontal passant tangentiellement aux têtes des spectateurs; ou bien d'élever successivement chacune des zones de spectateurs à mesure que ces zones s'éloignent davantage de l'objet à voir; ou bien encore, de combiner ces deux mouvements, et d'élever, d'une part, l'objet à voir, d'une certaine quantité seulement, et d'autre part, d'élever les gradins, également d'une certaine quantité relative; si bien, qu'il s'établit comme une balance, une sorte d'équilibre, entre les positions respectives de l'objet à voir, d'une part, et des spectateurs, de l'autre part.

Plus l'objet à voir s'élève, et moins l'auditoire a besoin de gradins inclinés; plus les gradins de l'auditoire sont élevés, et plus bas on peut placer l'objet à voir.

Mais la distance de l'auditoire à l'objet visible influence encore considérablement, soit l'inclinaison des gradins, soit la hauteur de l'objet ou du point visible.

Telles sont les causes qui établissent des différences marquantes parmi les amphithéâtres, selon qu'ils sont destinés à avoir un *proscenium*, un *lieu de scène*, qui doive être placé bas, ou qui puisse s'élever à une hauteur quelconque; selon qu'ils sont destinés, par exemple, à des cours purement oraux, ou bien à des cours où il faut entendre et voir, à la fois, certaines démonstrations ou des expériences.

Pour donner une idée de la manière dont on pourrait établir et grouper des amphithéâtres à plan triangulaire dans un agencement général de constructions, nous donnons *fig.* 57, *pl.* II, un croquis de l'une des mille combinaisons que l'on peut trouver pour satisfaire aux besoins d'un service d'instruction publique, en même temps qu'aux exigences des meilleures dispositions d'Acoustique et d'Optique.

Ce croquis représente trois amphithéâtres de grandeurs différentes pouvant contenir, celui du centre, de sept cent cinquante à neuf cents places; celui de gauche, de trois cent cinquante à quatre cents places; et celui de droite, de deux cent soixante à trois cents places.

L'amphithéâtre du centre pourrait être destiné à des cours de physique et de chimie, etc.; sur les flancs de droite et de gauche sont disposés des laboratoires de physique et de chimie.

L'accès de cet amphithéâtre aurait lieu, pour le public, par un escalier double placé dans le vestibule central; sous cet escalier sont ménagées les entrées particulières des laboratoires et des professeurs.

Des galeries et salles pour les professeurs, les collections ou les dépôts d'instruments, sont disposées autour des petits amphithéâtres, afin de les éloigner, de les isoler, autant que possible, des bruits extérieurs. Au centre, et en avant de l'édifice, est un logement pour le concierge.

Nul doute que des combinaisons plus heureuses et infiniment meilleures ne soient trouvées, si la forme triangulaire était adoptée en principe pour les amphithéâtres; ce qui ne pourra d'ailleurs se réaliser qu'autant que l'expérience aura justifié, en tout ou en partie, les assertions émises à ce sujet.

CHAPITRE XII.

Division des amphithéâtres et salles de réunions publiques,
en cinq catégories.

Il est facile de comprendre, maintenant, par ce qui précède, que toutes les salles ne peuvent pas convenir, dans tous les cas possibles, à toute espèce de réunions d'hommes; et en effet, selon leur destination et le but qu'elles ont à remplir, les salles peuvent être classées en cinq catégories distinctes, dans chacune desquelles se rencontre un problème différent à résoudre : voici l'énoncé de chacun de ces problèmes, répondant à ces cinq catégories :

1° Faire converger les regards d'une réunion de personnes vers un objet, ou vers un lieu : en d'autres termes, faire *voir*, purement et simplement;

2° Faire entendre des chants, ou des *sons musicaux*;

3° Faire entendre seulement la *parole* d'un orateur;

4° Faire *voir* un spectacle, une scène, et *entendre* en même temps des accords de musique;

5° Enfin, faire *voir* une *démonstration* expérimentale, ou graphique, et en faire entendre l'*explication orale*.

Dans la première de ces catégories, il suffit donc de voir purement et simplement, et sans rien entendre; — Dans la seconde, il suffirait d'entendre seulement, et à la rigueur sans voir directement; — Dans la troisième, il faut encore entendre, comme dans la précédente, mais ce n'est plus 'a même nature de sons, ce qui nécessite, comme on le comprend par les diverses observations qui ont précédé, une modification importante dans la disposition de l'amphithéâtre; — Dans la quatrème, il faut réunir les conditions de la première, et de la seconde, *entendre* et *voir*. — Dans la cinquième enfin, il faut réunir les conditions de la première, c'est-à-dire, *voir*, et celles de la troisième, *entendre* la voix *parlée*.

Nous allons donner quelques développements à l'appui des différences caractéristiques des diverses salles, et qui serviront à *spécialiser* les catégories qui viennent d'être établies.

1° *Faire converger les regards d'une réunion de personnes vers un objet, ou vers un lieu: faire* VOIR *purement et simplement.*

La représentation des pantomimes qui n'offrent rien à entendre, a souvent lieu dans un espace illimité, en plein air, et qui n'a d'ailleurs nul besoin d'être clos; mais il ne suffit pas d'élever le lieu de la scène, il faut encore placer les spectateurs dans des conditions telles que les derniers rangs puissent apercevoir la scène, aussi bien que les premiers; a cette différence près qu'ils verront les objets sous un angle plus petit, à mesure qu'ils seront plus éloignés.

Mais en plein air, comme dans les endroits clos où l'on voit le même genre de spectacles, on doit ménager au sol ou aux gradins des spectateurs une certaine disposition particulière; et selon que ceux-ci seront assis, ou debout, le sol qui les supporte doit offrir des surfaces d'inclinaison différentes et particulières à chacun des cas.

2° *Faire entendre des chants, ou des SONS MUSICAUX.*

Que la musique ait lieu dans un espace illimité, ou clos de toutes parts, l'auditoire peut très-bien ne rien voir dans l'un et l'autre cas; et percevoir tous les sons, sans apercevoir les instruments qui les produisent. Ainsi, placer le lieu où se produisent les sons dans l'endroit le plus convenable, et dans les circonstances les plus favorables pour que les sons soient rendus plus perceptibles, plus riches, plus harmonieux, tel est le but principal, et pour ainsi dire, unique, qu'on doit se proposer.

Si l'orchestre est en plein air, l'auditoire doit être groupé circulairement autour de l'orchestre, afin qu'il se trouve sous l'extension simple et naturelle des ondes sonores; l'orchestre étant élevé au-dessus de l'auditoire, afin que le lieu d'ébranlement des ondes se trouve placé en dehors de la masse d'air occupée par l'auditoire, et que les sons puissent sortir et s'épandre facilement. On peut recouvrir l'orchestre d'une surface légèrement parabolique, et alors, au lieu de se perdre dans les espaces supérieurs, les ondes sonores se réfléchiront normalement à la parabole, et seront renvoyées sur l'auditoire, qui entendra ainsi les sons avec une bien plus grande intensité. Si enfin sur les limites de l'auditoire on établit un mur, ou une cloison circulaire ou polygonale, et s'élevant au-dessus des auditeurs, les ondes, au lieu de s'étendre et de se perdre au delà de ces limites, seront répercutées à l'intérieur, au profit de la masse de l'auditoire, si toutefois la distance entre l'orchestre et la surface réfléchissante n'est pas trop considérable; car il vaut mieux alors perdre de la sonorité que d'obtenir une réflexion intempestive.

De cette dernière disposition, a un amphithéâtre clos de toutes parts, il n'y a qu'une légère transition, qu'il est presque inutile d'indiquer : dans un espace fermé, cependant, l'orchestre pourrait ne pas toujours occuper le centre, mais quelquefois l'un des côtés de l'espace, afin de faire face a l'auditoire, ce qui peut même être nécessaire, pour les raisons que nous avons énoncées plus haut (page 61), dans le cas où l'on doit faire entendre des chants.

Il n'est pas inutile de rappeler ici une observation applicable a cette catégorie de salles : c'est que toutes les surfaces, toutes les parois limitant l'espace, doivent offrir des plans droits, bien dressés, de nature résistante et polie autant que possible, en évitant les grandes saillies, les renfoncements ou ressauts d'ornementation, dont l'effet est de nuire considérablement a la répercussion des ondes sonores, et même d'en modifier le timbre. On doit s'abstenir également de l'emploi des draperies qui amortissent ces ondes, et paralysent une grande partie de l'effet qu'elles peuvent produire. C'est ainsi qu'on arriverait de prime-abord au *maximum* d'intensité, et de répercussion des sons : mais si alors, suivant l'étendue de l'espace, suivant la masse d'air qui s'y trouve contenue, suivant enfin une certaine réunion de circonstances qu'on peut difficilement commander ou indiquer d'avance, la sonorité était trop grande, il serait bien facile de l'amoindrir, et d'amener l'espace ou la salle à son *point*, à son *ton*, pour ainsi dire, en employant des draperies et autres moyens d'absorption.

L'auditoire, dans cette catégorie de salles, pourra être établi sur un plan horizontal, mais il percevra mieux les sons, si on le place sur une surface légèrement inclinée, sur une nappe courbe, à simple ou double courbure; et le coup d'œil y gagnera d'ailleurs beaucoup en agréments.

5° *Faire entendre seulement la* PAROLE *d'un orateur.*

Il y a, dans ce cas, sinon nécessité, au moins utilité très-grande, à renfermer l'auditoire et l'orateur dans un espace limité par des parois; et suivant que cet espace sera plus ou moins étendu, la parole sera plus ou moins perceptible à un certain nombre de personnes. Un espace clos a non-seulement l'avantage de mettre à l'abri de tout bruit, de tout son étranger et des intempéries atmosphériques, mais il doit encore fournir des ressources, soit pour augmenter l'intensité sonore de la voix, soit pour détruire complétement les résonnances qui ont lieu par suite de la répercussion des ondes : *Les dimensions de l'espace et son volume déterminent les moyens acoustiques à employer.*

Il n'est pas indispensable que l'orateur soit complétement visible, ou du moins suffit-il de l'apercevoir d'une manière convenable; on peut obtenir ce dernier résultat en l'élevant d'une quantité suffisante, ou en plaçant l'auditoire sur une surface inclinée et telle qu'il puisse apercevoir l'orateur facilement de toutes parts. On verra ci-après que dans ce cas il est toujours complètement inutile d'établir des gradins aussi inclinés qu'on le fait d'habitude, et qu'on peut introduire une grande économie dans la construction de ces sortes de salles ou amphithéâtres, en même temps qu'on ferait disparaître les inconvénients graves résultant de la différence de température qui existe entre les gradins inférieurs et supérieurs, et l'insalubrité de l'air qui souvent n'est plus respirable dans la partie supérieure des amphithéâtres un peu élevés. Les cours de droit, de philosophie, de littérature, d'économie et de science sociale, et même de mathématiques, peuvent se faire dans des salles où les gradins se rapprochent beaucoup d'un plan horizontal.

4° *Faire* VOIR *en spectacle, une scène, et faire* ENTENDRE *en même temps des accords de musique.*

Dans cette catégorie de salles ou d'amphithéâtres, il faut d'abord réunir tout ce qui a été déterminé pour le cas où il n'y a que des scènes de pantomimes à voir, c'est-à-dire placer l'auditoire dans une position telle, par rapport au *lieu* et à l'*élévation* de la *scène*, ou *proscenium*, qu'il puisse voir facilement de toutes parts, sans être obligé de tourner la tête; qu'il puisse voir, enfin, dans une direction toujours *normale* ou qui s'en écarte le moins possible.

On doit de plus réunir toutes les conditions acoustiques qui ont été signalées pour les chants et la musique: éviter les répercussions qui arriveraient trop tard pour conserver à propos, leur accord harmonique, ou leur accord d'unisson; mais cependant ne pas éteindre les mouvements ondulatoires, lorsqu'ils peuvent être utiles ou nécessaires à la sonorité.

Nos salles de spectacle constituent cette quatrième catégorie, dans laquelle il y a un si grand nombre d'améliorations à apporter.

5° Enfin, *faire* VOIR *une démonstration expérimentale, et en faire entendre l'explication* ORALE.

On ne peut plus ici se contenter de voir, purement et simplement; il faut voir d'une manière complète et facile, et entendre clairement les paroles d'un professeur. Mais ce qui a été dit relativement aux dispositions acoustiques pour la troisième catégorie de salles, doit s'appliquer à ce dernier cas, et nous dispensera d'entrer à ce sujet dans de nouveaux développements. Il ne faut donc s'occuper ici que de la recherche des moyens à employer pour rendre la visibilité des objets facile à tout un auditoire, quel que soit son nombre, et de manière que tous les individus dont il se compose voient également bien.

Cette dernière catégorie se compose des salles destinées aux cours de physique, de chimie, d'anatomie, de géologie, de zoologie, etc., etc., de toutes les sciences naturelles, enfin, dans lesquelles il est indispensable que l'auditoire voie ce qu'on lui démontre, ce qu'on lui décrit, et qu'il entende les développements théoriques et les explications orales qu'on lui donne.

Il est une foule d'objets et quantité d'expériences de physique, de démonstrations anatomiques, etc., qu'on ne peut apercevoir que lorsque l'auditoire est placé dans un plan supérieur à ces objets ou à ces expériences; et d'ailleurs certaines de ces expériences, comme les phénomènes qui ont lieu à la surface des liquides, ou sur des plaques vibrantes et recouvertes de sable ou de poussière, etc., etc., ne peuvent se passer que dans un plan horizontal, qu'il est, pour cette raison, impossible de redresser ou de placer dans une autre position : on se trouve donc alors dans la nécessité de déterminer la position de la première zone de spectateurs, de manière que leur vue soit dans un plan situé au-dessus du *lieu de scène*, ou *proscenium*, dans lequel ont lieu les démonstrations et les expériences. Il s'ensuit que ce lieu de scène et le professeur ne peuvent pas être élevés plus ou moins, *indifféremment*, comme dans les cas précédents, mais que l'auditoire doit se trouver sur des gradins toujours inclinés plus ou moins, selon que les objets à voir en sont plus ou moins éloignés. Il est donc d'une indispensable nécessité que les gradins s'élèvent d'une certaine manière, et d'une quantité suffisante pour que chaque auditeur, à quelque distance qu'il se trouve du *lieu de scène*, puisse voir commodément, sans tourner la tête, sans allonger le cou, et surtout sans être masqué par ses voisins de face qui peuvent lui faire écran, ainsi qu'il arrive dans la plupart des amphithéâtres existants.

Telles sont les spécifications diverses des cinq catégories de salles pour les réunions publiques. On voit que c'est principalement sur la disposition de leurs gradins et de leurs sièges que doivent porter les recherches les plus attentives : ces recherches feront l'objet des chapitres suivants.

CHAPITRE XIII.

Quelques observations sur l'INCLINAISON des gradins en usage
dans les salles et les amphithéâtres existants.

Si une sonorité convenable est une des qualités indispensables d'une salle ou d'un amphithéâtre, n'est-il
pas une autre condition non moins essentielle, celle d'y
bien voir? On entend mieux alors qu'on voit bien, et
qu'on est placé commodément; on ne voit cependant
d'une manière convenable que dans un petit nombre
d'amphithéâtres; encore cette qualité essentielle n'est-
elle souvent due qu'au hasard, et ne se rencontre-t-elle
toujours qu'au détriment de l'espace *mal utilisé* et au
préjudice, par conséquent, des individus composant
l'auditoire; car la perceptibilité des sons et la visibilité
des objets en sont affaiblies.

Dans tous les amphithéâtres qui existent à Paris, il
semble qu'on ait abandonné à la routine plus ou moins
intelligente des plus simples ouvriers le soin de la disposition des banquettes. Les architectes ne paraissent
pas avoir attaché grande importance à des conditions
pourtant si nécessaires. Souvent, dans la construction
d'un amphithéâtre, on dispose arbitrairement un espace carré, ou en demi-cercle, selon qu'un carré ou un
hémicycle s'agence mieux dans la disposition générale

d'un plan : on le décore avec plus ou moins de richesse, et l'on s'attache uniquement à la forme architecturale de la salle, à la partie décorative, à des proportions conventionnelles et souvent de mode ; mais quant aux qualités acoustiques et aux perfectionnements à rechercher sous ce rapport, on s'en inquiète trop peu. On prête encore moins d'attention à la disposition convenable des banquettes qu'à l'ameublement d'une simple école de village ; les gradins sont toujours des gradins, et l'on n'a pas encore admis que l'étude de leurs dispositions méritât une sérieuse attention.

Si l'on considère l'écartement, les hauteurs et l'inclinaison des banquettes, on voit que les écartements et les hauteurs sont toujours en *nombres ronds des anciennes mesures* : ainsi, pour les écartements ou la distance entre deux banquettes, on trouve 20, 21, 22, 23, 24 et 25 *pouces* ; et pour les hauteurs qui donnent l'inclinaison, 4, 5, 6, 7, 8, 9, 10 *pouces*, etc. ; mais rien n'indique pourquoi, dans un cas, on a donné 4 pouces plutôt que 8 pouces à une hauteur de gradin. La seule raison que l'on puisse supposer, et qui semble avoir déterminé le choix des mesures suivies, c'est la persuasion où l'on est généralement que plus on donne d'inclinaison aux gradins d'un amphithéâtre, et mieux on doit y voir quand on y est assis. En effet, au premier aspect d'un amphithéâtre, si les gradins sont disposés suivant une grande inclinaison, c'est-à-dire qui s'écarte beaucoup de l'horizontale ; si le plan tangent à l'arête extérieure des banquettes approche de 45 degrés, on en conclut de suite qu'on y doit très-bien voir, et qu'on a devant les yeux un excellent amphithéâtre. D'où

vient donc, cependant, qu'en général, dans tous les
amphithéâtres existants, l'auditoire voit mal, et qu'on
se plaint particulièrement de tous ceux où il est indispensable de bien voir, comme dans les amphithéâtres
construits pour les cours publics de chimie, de physique,
d'anatomie, etc.? En voici la raison :

C'est que d'abord les objets à voir sont trop rapprochés de l'auditoire : les premiers rangs d'auditeurs font
alors *écran* pour les autres ; ensuite, et cette raison est
capitale, c'est que les banquettes se trouvent toujours
tangentes à une *ligne droite* plus ou moins inclinée
(fig. 1, pl. I), au lieu d'être tangentes à une *ligne
courbe* (fig. 2, pl. I).

En effet, quelle que soit la place occupée, dans un
amphithéâtre, par un auditeur d'un rang quelconque,
postérieur au premier rang, on conçoit que la condition essentielle pour qu'il puisse apercevoir ce qu'on
lui montre, c'est qu'il ne soit pas empêché par les auditeurs qui se trouvent en face de lui; en d'autres termes,
que le rayon visuel partant de son œil passe franche-
ment au-dessus de la tête la plus rapprochée, et puisse
aller aboutir à l'objet qu'il doit avoir en vue; à quelque endroit donc que soit placé son œil, lorsque l'auditeur est assis sur une banquette, il faut que le rayon
qui en émane puisse converger vers le point à voir, et
réciproquement, il faut que ce point à voir soit placé
dans l'endroit où peuvent converger tous les rayons
visuels.

Dans un amphithéâtre quelconque, incliné suivant
une *ligne droite*, A B (fig. 1, pl. I), on peut supposer
des verticales élevées devant chaque banquette, et sur

lesquelles nous rapporterons une certaine longueur représentant *en moyenne* la hauteur de l'œil de chaque individu, et une autre longueur, également *moyenne*, représentant la distance entre l'œil et le dessus de la tête.

Soient (*fig.* 1 *pl.* 1) $a\,a'\,a''$, $b\,b'\,b''$, ... les verticales dont il s'agit ; et soient $a'\,a''$, $b'\,b''$, ... les distances moyennes entre l'œil et le sommet de la tête de chaque individu ; si des points b', c', ... on mène des droites qui passent tangentiellement aux têtes a'', b'', ..., des spectateurs antérieurs, ces droites aboutiront en des points 2, 3, ... et comme elles partent de points pris à égale distance sur des verticales $b'\,b''$, $c'\,c''$, ... ; qu'elles sont éloignées les unes des autres de distances horizontales toujours égales, elles sont parallèles et forment des angles égaux avec la ligne oblique A'B', qui passe par les yeux de tous les spectateurs. Il en résulte que plus on s'élève sur les gradins d'un amphithéâtre, vers les banquettes supérieures, et plus les *parallèles de vision* $b'\,a''$ 2, $c'\,b''$ 3, ... s'élèvent ; plus s'élèvent aussi, par conséquent, les points où elles aboutissent, 2, 3.... Le point visible de toutes les parties d'un amphithéâtre ne pourra donc être que celui qui sera aperçu par le spectateur placé sur le plus haut gradin, puisque lui seul, empêché qu'il est par la tête qui lui fait écran, ne peut pas descendre ses regards plus bas, tandis que les autres peuvent les élever. Aussi, dans un grand nombre d'amphithéâtres existants, l'objet à voir, ou le point de vue, sont-ils placés si bas qu'ils ne sont visibles que pour le premier rang de spectateurs.

Dans les amphithéâtres inclinés suivant une ligne

droite, le dessus des têtes étant dans un plan, ainsi que les yeux (on suppose toujours la taille des auditeurs ramenée à une moyenne), il faut nécessairement, pour que l'objet à voir soit visible, qu'on le place en un point où puissent converger les lignes de vision, assez haut et suffisamment loin du premier rang de spectateurs, pour que les derniers rangs puissent y atteindre. On voit donc par là le rôle important que joue le *Point de vue*, le Point visible de toutes les parties de la salle : sa position doit être déterminée avec le plus grand soin : et une fois fixée, on ne peut pas abaisser, ou avancer ce Point sans de graves inconvénients, c'est-à-dire qu'on ne peut pas placer indifféremment les objets à voir, ou plus bas, ou plus près de l'auditoire ; mais on peut toujours les placer, ou plus haut, ou plus loin, sans qu'il en résulte d'autre inconvénient que celui de voir les objets sous un angle plus petit.

CHAPITRE XIV

Recherche et détermination de la Courbe suivant laquelle on doit placer les banquettes, ou le sol des salles de réunions publiques, amphithéâtres ou autres

Étant donné un *Point de vue*, un *Proscenium*, un *Lieu* qui doive être aperçu de toutes les parties d'un espace déterminé de grandeur, quelle est la surface d'inclinaison la plus convenable à donner aux gradins qui supportent les spectateurs?

Ce *Point* peut être considéré comme le centre d'une sphère, ou portion de sphère, et s'il était possible de placer les spectateurs de manière que les yeux soient situés sur la surface même de la sphère, à des distances convenables les uns des autres, tous verraient certainement le centre; mais chacun des spectateurs, assis ou debout, occupant un espace horizontal, cubique, ne peut pour cette raison être placé sur une surface sphérique; de là, l'indispensable nécessité de rapprocher les uns vers le centre de l'amphithéâtre, d'en éloigner les autres, et de chercher une surface autre que la surface sphérique, pour y répartir les yeux qui doivent voir. Il faut alors revenir à la surface conique, ou conoïdale; ou bien en chercher une autre qui s'en rapproche, et qui remplisse mieux le but proposé.

Une fois les places des spectateurs déterminées...

plan, à des distances convenables les unes des autres, il reste à trouver une disposition telle que les *lignes visuelles* partant des yeux puissent aboutir au Point de vue, sans espace perdu toutefois, et de manière que toutes les distances verticales, entre les yeux, aperçues du Point de vue, paraissent égales, à la diminution près qui doit résulter de l'éloignement successif de ces distances verticales.

On peut imaginer une succession, ou amas de triangles placés les uns sur les autres (*fig.* 2, *pl.* 1), ayant tous même sommet, au Point de vue *V*; un côté commun dans une partie de sa longueur *Vb''*, ..., et un petit côté vertical, d'une grandeur constante *b' b''*, *c' c''*, ... Ce petit côté est la ligne indiquant la distance moyenne entre les yeux et les dessus des têtes des spectateurs: distance verticale qui ne varie pas de grandeur, mais de position, en reculant, à chaque rangée de banquettes, de la distance horizontale qui sépare ces dernières; les deux grands côtés de chaque triangle sont formés par des rayons visuels convergeant vers le Point de vue, ce que d'ailleurs l'inspection du dessin (*fig.* 2 et autres) fera comprendre mieux que toutes les explications qui pourraient être données.

Ayant ainsi placé, avant tout, les yeux des spectateurs dans des positions convenables *a'*, *b'*, *c'*, *d'*,... (*fig.* 2) pour qu'ils aperçoivent tous également un Point de vue commun *V*, il ne s'agit plus que de placer les banquettes *a*, *b*, *c*, *d*..... et les gradins de manière à maintenir chaque rangée de spectateurs à une hauteur voulue, et non pas arbitraire et prise au hasard.

On ne saurait donc trop le redire, il faut s'inquiéter

de placer d'abord les yeux des spectateurs ; les gradins
sont ensuite amenés à la hauteur nécessaire pour soutenir les spectateurs, au lieu de procéder à l'inverse,
comme on le fait habituellement, c'est-à-dire d'établir
d'abord les gradins et les banquettes, sans s'inquiéter
aucunement de savoir si les spectateurs seront placés, ou trop haut, ou trop bas, par rapport les uns
aux autres, et par rapport à un point donné qu'il faut
voir.

Dans un amphithéâtre disposé suivant le principe qui
vient d'être indiqué, un œil placé au *Point de vue* aperçoit les yeux et les fronts de tous les spectateurs : c'est
une nappe courbe, sur laquelle se trouvent fixés une
multitude d'yeux, placés à des distances égales. Dans les
cas ordinaires, avec un auditoire placé suivant une ligne
droite plus ou moins inclinée, les dessus des têtes sont
dans un plan, ou dans une surface conique : on aperçoit, du Point de vue (ou de tout autre point, puisqu'il
n'y a pas de Point de vue commun à tout l'auditoire),
les figures des premiers auditeurs, puis des demi-faces,
des fronts, et des dessus de têtes, dont les petites surfaces sphériques diminuent, par l'effet perspectif, et se
rapprochent les unes des autres, à mesure que les banquettes se trouvent plus éloignées du centre. Dans ce
dernier cas, les petites surfaces sphériques sont dans
une agitation continuelle, occasionnée par les mouvements que fait chaque spectateur pour apercevoir l'o-
rateur par un *créneau*, rarement permanent, ou par-
dessus une tête ; tandis que lorsqu'on a disposé les
gradins pour obtenir une nappe courbe, les têtes et les
yeux sont presque immobiles ; ce spectacle est même

parfois d'un effet saisissant pour le professeur ou l'orateur qui n'y sont pas accoutumés.

Les gradins d'un amphithéâtre doivent être placés sur une courbe A B (*fig.* 2, *pl.* 1); mais ce n'est pas une courbe *quelconque* qui donne, *a priori*, la position relative des banquettes : c'est le tracé successif de la position de chaque œil par rapport à la tête qu'il a devant lui, et l'objet qu'il doit voir, qui donne une première et double courbe *a' b' ...*, *a" b" ...*, pour la nappe contenant les têtes et les yeux ; de cette courbe, on en déduit une autre, inférieure, *a b ...*, et suivant laquelle les siéges ou banquettes doivent être établis. Ces Courbes des siéges sont continues, sans jarret, si les *abscisses*, ou distances entre les banquettes, sont constamment égales ; mais ces Courbes sont brisées, s'il y a inégalité dans ces distances. Que la Courbe des gradins et celle des banquettes soient brisées ou non, la nappe qui contient les têtes et les yeux n'en doit pas moins paraître continue et uniforme, considérée du *Point de vue*, à quelques inégalités près, qui sont dues à l'inégalité inévitable dans la taille des spectateurs.

La *fig.* 1ʳᵉ offre l'aspect habituel et commun à tous les amphithéâtres ; les banquettes *a, b, c,...* sont établies suivant une ligne *droite* A B, d'une *inclinaison quelconque* : si l'on représente par les lignes *a a' a" ...*, *b b' b" ...* la hauteur moyenne des auditeurs, et la distance moyenne entre les yeux et le dessus des têtes ; et que par les yeux *b', c', d' ...*, et le dessus des têtes, *a", b", c", d" ...*, on mène des tangentes représentant des rayons visuels *b' a' 2*, *c b" 3*, *d' c" 4*, ..., toutes ces tangentes ou rayons visuels sont *parallèles*. Cette *fig.* 1ʳᵉ fait avec la *fig.* 2 un contraste suffisamment intelligible pour rendre inutiles ici de plus longs développements.

Il est essentiel d'arrêter plusieurs *données* avant de chercher à calculer ou à tracer géométriquement, par une méthode empirique, la courbe d'un amphithéâtre; ce sont : 1° la largeur des gradins; 2° l'élévation du siége ou de la banquette au-dessus du sol qui reçoit les pieds; 3° une hauteur *moyenne* pour la distance verticale entre la surface de la banquette et l'œil du spectateur; 4° enfin une distance, également *moyenne*, entre l'œil et le dessus de la tête.

1° *La largeur des gradins* est composée de la largeur donnée au siége, et de l'espace ou passage entre le devant d'une banquette et le derrière de la banquette précédente. Plus un siége est large et mieux l'on est assis; plus le passage entre les deux banquettes est grand, et moins on a de chances d'être gêné par le dos ou par les genoux des auditeurs voisins; plus facile est aussi la circulation. Mais le mieux, dans cette circonstance, ne s'obtient qu'aux dépens de l'espace; et si l'étendue de l'espace n'est pas limitée, le mieux ne peut s'obtenir qu'aux dépens de la distance qu'il est très-utile de ne pas étendre sans modération; car la visibilité des objets et la perceptibilité des paroles y perdent également.

Il est donc indispensable de donner aux siéges et aux distances entre les banquettes toute la largeur nécessaire, mais rien de superflu. Des distances plus étroites peuvent donner un auditoire plus nombreux, mais qui se fatigue bien plus vite; il ne faut pas, pour un dixième de places en plus, s'exposer à gêner cinq cents personnes, comme on a l'habitude de le faire dans la plupart des théâtres ou le public est toujours, non-seulement mal placé, par rapport à la scène, mais surtout mal assis.

De différents essais tentés et de diverses comparaisons faites, il résulte que la largeur des gradins doit être de $0^m,60$ à $0^m,75$, en donnant au siége de $0^m,20$ à $0^m,30$, et au passage, ou espace entre deux banquettes, de $0^m,40$ à $0^m,45$. Ainsi, par exemple, on peut donner $0^m,20$ à la banquette et $0^m,40$ au passage, ou bien $0^m,25$ à la banquette et $0^m,45$ au passage, etc., etc.: les premières *cotes*, $0^m,20$ et $0^m,40$, sont les limites les plus petites que l'on doive adopter, sous peine d'exiguïté fort gênante.

Les *abscisses* doivent donc être espacées de $0^m,60$ à $0^m,65$, et quelquefois, si l'on veut, de $0^m,75$, lorsque l'on doit établir des siéges plus larges et à dossiers, ce qui serait bien désirable pour tous les amphithéâtres; car l'auditeur, mieux assis, peut plus facilement prêter son attention et la soutenir plus longtemps.

2° *La hauteur des siéges* est plus facile à déterminer, et les excès en trop haut ou en trop bas ont moins d'inconvénients. Comme il y a de grandes et de petites personnes dans un auditoire, il serait bien difficile de faire des siéges qui convinssent également et parfaitement à tous: c'est donc une *moyenne* qu'il faut prendre, comme la hauteur de toutes les chaises ordinaires, c'est-à-dire $0^m,45$; si les siéges sont garnis, il faut avoir soin de compter la garniture dans la hauteur de $0^m,45$.

Il est bon de faire remarquer que les siéges bas sont généralement préférés dans les amphithéâtres où l'on est souvent dans la nécessité de prendre des notes sur les genoux. Les siéges trop élevés ont pour inconvénient de faire placer les pieds sur les banquettes antérieures, afin d'être mieux assis ou pour avoir les genoux plus élevés.

3° *La distance verticale entre le dessus de la banquette et la position de l'œil d'une personne assise* est encore une *moyenne* qu'il faut prendre entre les plus grands et les plus petits auditeurs, et en se rapprochant plutôt des plus grands que des plus petits : car là où une personne grande ne fait pas obstacle à la vue d'un auditeur placé par derrière, une personne petite en fait encore moins. Cette distance ou hauteur moyenne peut être fixée à 0^m,75, en ayant soin de tenir compte de l'abandon et de l'affaissement naturel du corps sur lui-même, lorsqu'on reste assis pendant quelque temps. Cette hauteur se compte sur la verticale passant par le devant de la banquette, car c'est seulement lorsque l'œil est amené vers cette position par le mouvement pivotal du buste sur le siége, que la tête peut faire obstacle à la vision d'une personne qui se trouve placée sur le rang postérieur. La vision est, au contraire, facilitée pour cette personne, si l'auditeur antérieur penche son corps en arrière.

4° Enfin, *la distance entre l'œil et le dessus de la tête et des cheveux* doit être prise plutôt grande que petite. Il est facile de concevoir, en effet, qu'une tête dépassant une certaine limite de *un ou deux* centimètres seulement, la personne placée derrière ne peut rien voir, sans se dévier de sa position normale : la distance verticale de 0^m,15 est une cote qu'il paraît convenable d'adopter, comme *moyenne* et *minimum*.

Pour les théâtres, à l'exception du parterre, il faut augmenter de 0ᵐ,10 au moins, les 0ᵐ,15 de distance entre les yeux et le dessus des têtes, à cause des coiffures dont les femmes font usage.

On comprend d'ailleurs très-bien que plus certaines des dimensions qui viennent d'être déterminées deviendront grandes, et plus les auditeurs seront placés commodément, en voyant avec plus de facilité ; mais il ne faut pas perdre de vue que dans les amphithéâtres, il n'est pas avantageux de prodiguer l'espace : car on éloigne ainsi les auditeurs, et l'éloignement empêche de mieux voir. Les paroles remplissant aussi un espace plus grand, sont moins bien entendues, ou bien, c'est en se fatiguant beaucoup que le professeur parvient à se faire entendre convenablement des points les plus éloignés.

En résumé, les abscisses des gradins et banquettes d'une salle ou d'un amphithéâtre, doivent être de 0ᵐ,60, 0ᵐ,65, 0ᵐ,70 ou 0ᵐ,75 ; l'objet *à voir*, ou le *Point de vue*, doit être déterminé de position, et sa distance fixée à partir de la première banquette. Plus ce Point sera près et bas (*fig.* 6, 12, 18 et 19, *pl.* I ; 21, 22 et 35, *pl.* II), plus la Courbe de l'auditoire se rapprochera de la ligne à 45°, qu'elle pourrait même dépasser, en se rapprochant de la verticale ; plus le Point de vue sera loin et élevé, au contraire (*fig.* 4, 15, 16, *pl.* I ; et *fig.* 25, *pl.* II), et plus la Courbe se rapprochera de l'horizontale, au-dessous de laquelle elle peut même s'infléchir dans une partie de son développement.

On conçoit aisément la variété infinie de courbes qui doivent avoir lieu suivant la position variable du Point de vue, selon que ce Point est placé plus ou moins près, plus ou moins haut, par rapport au premier auditeur; et comment un amphithéâtre ne pourra être parfaitement bon, qu'autant qu'on placera l'objet à voir, ou le professeur, au Point de convergence qui a servi à déterminer la position respective de chacune des banquettes. Les *fig.* 15, 16, 17, 18 et 19, donnent une idée de la manière dont se modifient ces courbes.

Les *ordonnées* sont prises à partir d'une ligne horizontale passant par le sol du premier gradin, ou de toute autre ligne horizontale: la première ordonnée, dans le premier cas, est composée de: 0^m,45, hauteur de siège; de 0^m,75, plus 0^m,15, ou ensemble 0^m,90, pour la hauteur du buste et de la tête; le tout de 1^m,35. La deuxième ordonnée est composée des deux premiers éléments 0^m,45 $+$ 0^m,75 $=$ 1^m,20; mais la hauteur où arrive 1^m,20, c'est-à-dire le Point où doit être placé l'œil sur l'ordonnée, est déterminé graphiquement par une tangente passant au-dessus de 1^m,35, c'est-à-dire au-dessus de la tête précédente, et venant du Point de vue; ou, en d'autres termes, la position de l'œil de l'auditeur placé sur la deuxième banquette, s'obtient sur la deuxième ordonnée, en menant par le Point de vue, et le sommet de la première tête, une droite qui va couper la deuxième ordonnée en un certain point, qui est le point cherché. Voir *fig.* 2, *pl.* 1.; En portant 0^m,75 en dessous, sur la verticale, on obtient la hauteur du dessus de la banquette, et 0^m,45 en dessous de ces 0^m,75, on obtient le sol de la banquette, ou du gradin. On porte ensuite sur la même verticale, ou ordonnée, 0^m,45 au-dessus du point obtenu par la sec-

tion de la tangente et de la verticale ; et par l'extrémité
de ces $0^{m},15$ et le Point de vue, on mène une nouvelle
droite, qui, allant couper la troisième ordonnée, donne
le point où doit être placé l'œil du troisième auditeur,
et ainsi de suite.

Il est utile d'examiner les points principaux qui
peuvent se présenter avec les abscisses et les ordonnées
qui viennent d'être arrêtées : on les conservera toujours
pareilles dans chacun des cas, afin de faciliter la comparaison des courbes.

On a dit, comme une chose essentielle, que le *Point de
vue*, ou l'*objet à voir*, devaient être déterminés de position,
avant toute opération, et fixés d'une manière invariable,
avant de tracer la position des banquettes, qui n'est
toujours que relative au Point de vue, au point à apercevoir ; car, on ne saurait trop le répéter, si l'on fait
varier le Point de vue, il faut nécessairement faire varier la courbe ; c'est comme une ellipse qui change de
forme, toutes les fois que ses foyers changent de place,
ou comme une parabole dont les branches s'ouvrent
plus ou moins selon que le foyer s'éloigne ou s'approche
du sommet de la courbe. Mais dans le cas où le Point
de vue peut être placé indifféremment haut ou bas, et
plus ou moins près du premier spectateur, il se présente
deux considérations importantes dont il faut tenir
compte, savoir : 1° si l'auditoire doit *entendre* un cours
oral ; 2° s'il doit *voir* un cours de sciences physiques
ou naturelles.

Dans le premier cas, en effet, comme dans les cours
de droit, de littérature, de mathématiques, etc., où le
professeur est un orateur placé dans une chaire, en un

point fixe et invariable, ou qui *démontre* sur un tableau placé derrière, ou auprès de lui, il suffit que l'auditoire aperçoive le professeur de tous les points de la salle; que chaque auditeur voie la tête, ou le buste du professeur, et le tableau de démonstration tout entier, s'il existe; c'est là ce qui suffit pleinement pour bien entendre, si les conditions d'Acoustique sont d'ailleurs satisfaisantes.

La chaire du professeur peut s'élever plus ou moins haut, au-dessus de la tête du premier auditeur. Dans les églises, par exemple, où la chaire est élevée à trois ou quatre mètres au-dessus du sol, l'auditoire, placé sur un plan horizontal, aperçoit encore le prédicateur à une certaine distance; ce n'est qu'à un éloignement assez considérable que l'on commence à ne plus le voir facilement, à dix ou douze mètres environ (*fig.* 15, *pl.* I).

Au moyen de cette faculté de pouvoir élever le professeur, on peut donc se dispenser de placer les banquettes sur des gradins proprement dits : c'est une grande économie, et une facilité très-avantageuse à introduire dans la construction des salles destinées à des cours purement oraux. (Voir *fig.* 15, 16, *pl.* I; et 25, *pl.* II.)

Dans la seconde espèce d'amphithéâtres, c'est-à-dire, quand ils sont destinés à des cours de physique, de chimie, d'anatomie, de sciences naturelles et essentiellement expérimentales, la disposition précédente ne peut plus convenir. Ce n'est plus un Point seul qu'il suffit d'apercevoir, mais un *espace* s'étendant suivant une ligne horizontale, au delà de laquelle, par rapport aux spectateurs, sont placés tous les objets à voir. Il est de toute nécessité que le plan horizontal sur lequel reposent ces divers objets soit placé en dessous de l'œil des premiers spectateurs : ils verront d'autant mieux qu'ils domineront davantage les objets : mais il faut ici une très-grande discrétion dans l'aisance que l'on concède à la première banquette : car ce n'est qu'aux dépens de toutes les autres que la position de la première serait rendue plus avantageuse. (Voir *fig.* 6. 18, 19, *pl.* I; et 21, 22, 55, *pl.* II.)

Pour cette catégorie d'amphithéâtres, ce n'est donc plus *un Point* de vue que l'on aura pour but de faire voir, en traçant la courbe des banquettes, mais une *ligne de vue*, ce qui ne peut jamais s'apercevoir par un *créneau*. Cette ligne peut être droite ou circulaire suivant la forme de l'espace composant l'amphithéâtre, ou plutôt suivant la forme adoptée pour les banquettes : si ces dernières doivent être établies dans un carré long, et dans un sens perpendiculaire à la longueur, c'est-à-dire, parallèlement au petit côté (*fig.* 40), une ligne droite pour *ligne de vue* est la meilleure; mais si les banquettes devaient être disposées dans le sens de la longueur, et perpendiculairement au petit côté du carré long, il serait indispensable de les rendre circulaires ou polygonales, et la ligne de vue serait également circulaire ou polygonale et concentrique (*fig.* 38, 41 et 42, *pl.* II.

Il est avantageux pour les amphithéâtres où voir est d'absolue nécessité, de rapprocher l'auditoire des objets à voir : mais il est une importante considération dont il faut se pénétrer, c'est qu'on ne peut pas placer les objets à voir très-près des premiers spectateurs, si leur nombre est très-grand; il faut alors, indispenblement, élever, ou éloigner suffisamment la ligne de vue des premiers auditeurs.

Il y a une limite, en distance horizontale, en longueur, et une en hauteur, qu'on ne peut pas dépasser sans inconvénients : au delà de 12 mètres d'abscisse et de 5 mètres d'ordonnée, on ne voit plus sans le secours des lorgnettes ; et comme avec une abscisse de 12 mètres et un plan convenable, on peut avoir un auditoire de cinq à six cents personnes, c'est là que doit s'arrêter la limite en grandeur des amphithéâtres ordinaires.

L'amphithéâtre de l'*Observatoire* (*fig.* 51, *pl.* II) s'étend jusqu'à 17 mètres du tableau du professeur ; il en est de même de l'amphithéâtre de *Physique* du *Collège de France* (*fig.* 10, *pl.* II). Le premier de ces amphithéâtres ne contient que six cent vingt places assises ; le second n'en contient que trois cent soixante, parce qu'il est moins large. L'amphithéâtre de l'*École de Médecine* (*fig.* 27, *pl.* II), ne s'étend qu'à 10 mètres environ des objets à voir, et il contient de cinq à six cents places ; l'auditoire y est mieux groupé parce qu'il y est assis sur des banquettes circulaires.

Si un amphithéâtre est destiné à un cours d'expériences ou de démonstrations délicates, la ligne de vue doit être rapprochée et le nombre d'auditeurs restreint, pour ces deux raisons, qu'il faut voir de plus près, et que la courbe des banquettes montera plus rapidement (*fig.* 6, 18, 19, *pl.* I, et 21, 22, 55, *pl.* II). Ainsi, il y a certaines branches des sciences physiques qu'on ne peut pas faire voir facilement à un très-nombreux auditoire ; et si l'amphithéâtre est destiné à une spécialité scientifique à la portée de peu de monde, il faut que ses dimensions soient rigoureusement restreintes à son auditoire présumé; et de même, il ne faudra pas réunir cet auditoire dans un local destiné à un plus grand nombre de personnes, à cause des inconvénients qui ont été suffisamment détaillés (page 85); c'est-à-dire que dans un amphithéâtre de cette nature (*fig.* 6, 8, 12, 18 et 19, *pl.* 1; 21, 22 et 55, *pl.* II), la ligne de vue étant très-éloignée de la première banquette, les auditeurs verront mal les objets très-ténus, et les expériences délicates qu'on y exposera à leurs regards; et si l'on rapproche ces objets de la première rangée d'auditeurs, la deuxième rangée ne pourra absolument rien voir, si ce n'est par les *créneaux* ou espaces compris entre les têtes du premier rang de spectateurs.

Ainsi, les amphithéâtres doivent être de deux espèces bien distinctes : ceux d'abord où l'on n'a besoin que d'entendre, et pour cela il est nécessaire d'apercevoir seulement l'orateur; ces amphithéâtres doivent être sans gradins; les banquettes se placent alors sur une courbe très-peu inclinée, qui commence à un mètre environ, en contre-bas du sol du professeur, et à deux mètres de distance (*fig.* 15, 16, *pl.* 1; et 25, *pl.* II); cette courbe s'infléchit vers le tiers de son étendue, de quinze à vingt centimètres; et à l'extrémité opposée, elle s'élève et se termine à peu près à la hauteur du plan horizontal passant par le sol du professeur.

Dans cette première catégorie doivent être placés, avec de légères modifications que l'étude et l'expérience ne manqueront pas d'indiquer, les auditoires de concerts, les *parterres* de théâtres et les enceintes destinées au public dans les *tribunaux*.

La seconde espèce d'amphithéâtres est celle ou il faut voir autre chose que l'orateur ou le professeur (*fig.* 6, 8, 12, 18, 19, *pl.* I; 21, 22, 35, *pl.* II): la courbe de ces amphithéâtres est plus ou moins élevée, selon que les objets à voir sont placés plus ou moins près du premier rang de spectateurs; et le nombre de ceux-ci devra être très-restreint, quand on voudra faire voir de bien près des objets d'un mince volume, des expériences délicates et d'une grande précision (*fig.* 21, 22 et 35).

A cette seconde catégorie appartiennent les théâtres, dans toutes leurs parties, parterres, loges ou galeries; les cirques, les amphithéâtres de physique, de chimie, d'anatomie, etc.

Si les études d'un théâtre étaient entreprises dans cette direction d'idées et avec cette obligation rationnelle que, de chaque place qu'on y établit, le spectateur *doit voir et entendre*, sans nul doute, les formes usitées seraient notablement modifiées, tant pour l'Acoustique que pour la visibilité; on trouverait incontestablement autre chose à faire que des colonnes d'avant-scènes, des cloisons en planches, formant écran pour le tiers des spectateurs, qui eux-mêmes empêchent un autre tiers d'apercevoir la scène.

La construction récente du Théâtre Historique à Paris, est un acheminement positif vers cette réforme si désirable; mais elle a un inconvénient qui n'est pas sans quelque importance: elle nuit au coup d'œil général qu'on est dans l'habitude de trouver dans les salles de spectacle, où tous les auditeurs se donnent réciproquement le spectacle de leurs personnes, en se faisant face, pour ainsi dire, les uns aux autres; et en

effet, dans les salles de spectacle, les auditeurs sont
infiniment mieux placés pour se voir et être vus que
pour voir la scène. Il faudra donc désormais distinguer
les salles de spectacle construites pour la *scène*, pour
voir ce qui s'y passe, de celles construites pour le coup
d'œil général de l'*assemblée*, si toutefois on aborde les
nouveaux problèmes à résoudre.

CHAPITRE XV.

On attribue communément aux amphithéâtres une plus grande capacité que celle qu'ils ont en réalité; on se trompe, en général, d'un tiers dans les chiffres désignés pour représenter le nombre des auditeurs contenus dans chaque salle.

Les plus grands amphithéâtres ne sont pas toujours ceux qui peuvent contenir le plus de monde; dans plusieurs d'entre eux, il y a de grands espaces perdus pour l'auditoire, car ces espaces sont beaucoup plus que suffisants pour y déposer les divers objets dont le professeur peut avoir besoin dans le cours de ses démonstrations.

L'amphithéâtre le plus vaste de Paris est celui du *Jardin des Plantes* (*fig.* 29) : il contient 560 mètres de superficie, dont *un tiers* est consacré au professeur, ou aux préparations et manipulations, quoique des salles spéciales, des laboratoires, s'y trouvent adjoints pour la chimie et la physique. Cette grande surface, et le cube d'air énorme qui s'ensuit, constituent le défaut capital de ce vaste amphithéâtre. On y a établi un-

cloison derrière le professeur, sans doute afin que ce-
lui-ci ne semble pas perdu dans l'espace, et sans doute
aussi pour que l'auditoire ne puisse pas être distrait par
tout ce qui peut avoir lieu derrière le professeur ; car
cette cloison n'empêche pas la voix de se perdre, ou de
faire retentir d'une manière inopportune une masse
d'air énorme qui n'offre que de graves inconvénients
sous le rapport de l'Acoustique : on ne peut trop revenir et appuyer sur cette importante critique.

Le grand amphithéâtre de la *Sorbonne* ne contient
que 268 mètres de superficie ; 92 mètres de moins que
le précédent : malgré cela, ces deux salles contiennent
exactement le même nombre de personnes assises.
620 places, si l'on compte $0^m.55$ de largeur par personne ; ou 760, si l'on ne compte que $0^m.45$, ce qui
est très-exigu, très-gênant, et occasionne un malaise
général qui n'est à peu près supportable que dans des
circonstances extraordinaires, mais toujours au préjudice certain des professeurs. Au Jardin des Plantes,
100 personnes, environ, peuvent trouver à se placer
debout ; à la Sorbonne, il n'y a guère tout au plus que
50 de ces places à trouver.

L'amphithéâtre de l'*Observatoire* vient en troisième ligne, comme grandeur superficielle ; il occupe 250 mètres de surface, sur lesquels on n'a consacré que
40 mètres, un *sixième* environ, au professeur. Il contient 540 places assises au minimum, ou 660 au maximum ; il n'y a guère que 50 places à trouver debout.
Les banquettes y sont au nombre de 25 ; il n'y en a que
15 à la Sorbonne et au Jardin des Plantes.

L'amphithéâtre de l'*École de Médecine* (fig. 27), est

un peu moins grand que celui de l'Observatoire : la contenance est de 245 mètres superficiels, dont un *cinquième* (55 mètres), est consacré au professeur. Il ne contient que 550 places assises au minimum, ou 644 au maximum : on peut y trouver 100, et même au besoin, 200 places debout ; il n'y a également que 15 banquettes dans cette salle dont l'auditoire est groupé en demi-cercle autour du point central.

Si l'on considère la coupe verticale des gradins et banquettes des différents amphithéâtres mentionnés au tableau comparatif ci-après, on trouve une grande variété dans leurs *inclinaisons*. L'amphithéâtre de l'Observatoire est le moins incliné de tous : le plan tangent à l'arête antérieure des gradins ou banquettes, est incliné, à très-peu près, au quart seulement de la base, ou ligne horizontale, au-dessus de laquelle s'élèvent les gradins. A la Sorbonne, l'inclinaison est, à peu près, des 5/8. L'amphithéâtre du Jardin des Plantes et celui du Conservatoire des Arts et Métiers, ont la même inclinaison qui est d'environ la moitié, et plus approximativement des 9/19. Enfin l'amphithéâtre de l'École de Médecine est celui qui possède l'inclinaison la plus forte : elle est élevée d'environ les 7/12 de la base.

L'amphithéâtre dont la dernière banquette est le plus élevée au-dessus du sol inférieur, est celui du Collége de France, physique (5^m,40) ; viennent ensuite celui de l'École de Médecine (4^m,80) ; celui du Jardin des Plantes (4^m,70) ; celui de l'Observatoire (4^m,10) ; celui de la Sorbonne (5^m,75) ; puis enfin, celui des Arts et Métiers (5^m,50).

Si maintenant l'on veut comparer les amphithéâtres

dont il est fait mention dans ce travail sous le rapport du nombre d'individus qu'ils peuvent contenir, le tableau comparatif les indique par ordre de contenance, lesquelles sont indiquées aux quatre dernières colonnes. Si l'on *arrondit* les chiffres pour se les mieux fixer dans la mémoire, on trouve, au *maximum*, 800 pour le Jardin des Plantes et la Sorbonne; 700 pour l'École de Médecine et l'Observatoire ; 480 pour le Collége de France (économie politique et droit public); 500 pour le Collége de France (physique); et enfin 450 pour l'amphithéâtre circulaire du Conservatoire des Arts et Métiers.

On trouve dans le tableau ci-contre, 1° la surface totale des divers amphithéâtres; 2° la surface consacrée aux gradins et banquettes; 3° la surface des couloirs, vomitoires et escaliers, pris aux dépens des banquettes; 4° la surface consacrée au professeur; 5° le nombre de gradins et de banquettes; 6° la largeur des gradins; 7° la hauteur fixe ou moyenne des gradins; 8° la largeur des banquettes; 9° la hauteur des banquettes; 10° l'intervalle compris entre les banquettes; 11° le développement linéaire des banquettes; 12° le nombre de personnes assises à $0^m,55$ chacune; 13° le nombre de personnes assises à $0^m,45$ chacune; 14° le nombre de personnes debout; 15° enfin, le nombre maximum et total des places assises et debout.

TABLEAU COMPARATIF DE DIVERS AMPHITHÉÂTRES (Paris).

Numéros d'ordre et de renvoi aux figures	DÉSIGNATION des AMPHITHÉÂTRES	Surface totale	Surface des gradins	Surface des couloirs	Surface pour le professeur	Nombre de banquettes	Largeur des gradins	Hauteur des gradins	Largeur des banquettes	Hauteur des banquettes	Intervalle entre les banquettes	Développement linéaire des banquettes	Nombre de personnes assises	Nombre de personnes debout	Nombre total de personnes
		1.	2.	3.	4.	5.	6.	7.	8.	9.	10.	11.	12.	13.	14.
		mèt. car.	mèt. car.	mèt. car.	mèt. car.		m.	m.	m.	m.	m.	m.			
1	Sorbonne, physique et chimie	268	235	54	22	11 / 15	0,5.	0,22	0,24	0,43	0,55	542	622	70.	..80.
2	Jardin des plantes, physique et chimie	500	214	52	114	15	0,61	0,52	0,24	0,52	0,57	740	618	77.	804 85
3	Observatoire	38	188	21	74	25	0,62	0,16	0,20	0,17	0,50	299	547	6..	72 92
4	École de Médecine	245	190	42	55	15	0,57	0,55	0,25	0,52	0,72	290	527	[illegible]	[illegible]
5	Collège de France, cours public	176	128	55	16	16	0,64	0,27	0,24	0,4.	0,4.	211	385	40.	52 48.
6	id. physique	185	118	16	50	20	0,61	0,25	0,22	0,45	0,58	198	360	4..	[illegible]
7	Conservatoire des arts et métiers	224	90	50	92	10	0,59	0,54	0,28	0,45	0,31	155	282	54.	100 1..
8	Collège de France, médecine	434	95	24	22	11	0,65	0,57	0,25	0,45	0,40	173	245	500	7. 75.
9	id. chimie	94	65	12	19	7	0,61	0,51	0,19	0,55	0,42	106	192	255	[illegible]

1, fig. 38, Pl. II — 2, fig. 39, Pl. II — 3, fig. 34, Pl. II — 4, fig. 27, Pl. II — 5, fig. 26, Pl. II — 6, fig. 40, Pl. II — 7, ... — 2, 52, Pl. II — 9, fig. 30, Pl. II.

Explication des Planches.

Examinons actuellement en détail, et à l'appui des développements dans lesquels nous sommes entré, les diverses dispositions indiquées par les figures des planches jointes à ce travail.

Afin de rendre plus frappante la différence qui existe dans l'établissement d'un auditoire sur une *courbe*, ou sur une *ligne droite*, on a tracé sur toutes les *coupes* les *rayons visuels* qui doivent résulter, dans l'un et l'autre cas, de la position des auditeurs : avec des gradins inclinés en *ligne droite*, les rayons visuels sont *parallèles* entre eux ; ils sont *convergents* avec des gradins élevés suivant une *ligne courbe*; l'aspect des figures rend la proposition évidente. La *courbe* ou la ligne droite y sont ponctuées suivant l'arête des banquettes.

La *fig.* 13, *pl.* I, représente un auditoire placé sur un *plan horizontal*: les lignes de *vision* y sont nécessairement parallèles, et le rayon visuel du dix-septième auditeur aboutit à 4^m,10, comme on le voit, au-dessus du sol commun, sur une verticale dont cet auditeur est éloigné de 12 mètres. On voit, dans cet exemple, combien il faudrait élever la chaire et le professeur, à mesure de l'augmentation d'un auditoire, pour que le professeur ou l'orateur soit aperçu de tous les points.

Le même auditoire est placé sur un plan incliné au dixième, c'est-à-dire de 1 mètre de hauteur sur 10 mètres de base, dans la *fig*. 14, *pl*. 1. On n'y a presque rien obtenu en faveur de la visibilité par cette nouvelle disposition ; tandis qu'en plaçant ce même auditoire, avec son inclinaison de 1 mètre, sur une *courbe*, tous les rayons visuels viennent aboutir en un point situé à 2^m,50 du sol, et à 2^m,00 de distance de la première banquette, ainsi que le démontre la *fig*. 15. Dans la *fig*. 16, avec un peu plus d'inclinaison, ou de hauteur donnée à la courbe (0^m,10), le Point *commun* et *visible* pour *tous* est à 2^m,22 de hauteur.

Dans la *fig*. 17, le Point généralement visible est à 1^m,55 de hauteur, et la courbe des banquettes s'élève à 1^m,20. Cette disposition (*fig*. 17) n'a aucun avantage sur les deux précédentes (*fig*. 15 et 16) pour la commodité de la vision, et elle a l'inconvénient d'exiger un espace plus élevé, une construction plus coûteuse, en murs et en charpente de gradins ; elle offre un volume d'air plus difficile à ébranler par la voix, ou nuisible à cette dernière par des résonnances intempestives ; et enfin une différence de température trop notable entre le bas et le haut des gradins.

La *fig*. 18, *pl*. 1, représente la coupe d'un amphithéâtre ou le *Point à voir* est à 1^m,80 de la première banquette, et à 1^m,22 seulement de hauteur : la courbe pour 16 banquettes s'élève à 5^m,05.

En conservant à peu près la même hauteur, c'est-à-dire 1^m,20 pour le Point de vue, et en le rapprochant de 0^m,60, c'est-à-dire à 1^m,20 du premier auditeur, la courbe atteint la hauteur de 5^m,05 dès la quatorzieme banquette, ce qui fait voir le résultat d'un Point de vue trop rapproché.

La *fig.* 22, *pl.* II, représente la coupe d'un amphithéâtre dont le Point de vue serait à 1^m,56 de hauteur, et à 1^m,05 seulement de distance de la première banquette. C'est une disposition qu'on pourrait adopter pour l'amphithéâtre circulaire du *Conservatoire des Arts et Métiers,* à Paris, et dont la *fig.* 20, *pl.* II, représente la coupe dans l'état actuel. Les rayons visuels de l'auditoire, comme on le voit dans cette *fig.* 20, ne peuvent pas atteindre la table du professeur. En mettant le Point de vue à 1 mètre de hauteur, et à 1^m,05 de distance de la première banquette (*fig.* 21), on ne pourrait avoir que *sept* banquettes pour une hauteur de *courbe* de 5^m,55. Mais si l'on élève le Point de vue à 1^m,56 en *abaissant le sol* de la première banquette, la dixième banquette ne s'élève qu'à 5^m,45 au-dessus du sol primitif, réservé au professeur. Les trois dernières banquettes contenant, par leur éloignement excentrique, un *tiers* de l'auditoire, on voit combien l'abaissement du sol de la première banquette peut avoir un résultat avantageux. La hauteur totale actuelle des banquettes est de 5^m,46 (*fig.* 20); c'est donc la même hauteur dans la disposition qui permet à tout l'auditoire de *bien voir,* que dans la disposition actuelle, qui ne permet la visibilité de la table du professeur qu'à la condition presque absolue que le rayon visuel de chaque auditeur trouvera un *créneau,* ou passage *continu* et *permanent,* jusqu'aux objets à voir; à moins qu'il ne puisse, exceptionnellement, dominer toutes les têtes.

Pour compléter les modifications utiles à apporter à l'amphithéâtre du *Conservatoire des Arts et Métiers,* particulièrement sous le rapport de l'Acoustique, le moyen le plus convenable serait peut-être de retourner, de transposer la position relative des banquettes et du professeur; de placer ce dernier vers l'extrémité du rayon perpendiculaire au diamètre, et l'auditoire sur des zones circulaires d'un plus grand rayon que celui des banquettes actuelles (*fig.* 59, *pl.* II). La voûte ellipsoïdale serait remplacée par un plafond horizontal, se raccordant avec un plan incliné, placé au-dessus de l'espace destiné au professeur; ou bien elle pourrait, provisoirement, rester telle qu'elle est aujourd'hui. Le *volume* ou espace de cet amphithéâtre n'étant pas très-grand, on pourrait peut-être se dispenser de l'amoindrir par un plafond.

L'amphithéâtre de l'*Observatoire*, dont la coupe est indiquée, *fig.* 5, *pl.* I, ne présente pas une inclinaison *continue*: les gradins y sont inclinés suivant une ligne brisée en trois parties inégales, et s'élevant, au maximum, à 4^m.07 de hauteur au-dessus du sol de la première banquette. Cette ligne brisée est sans doute le résultat d'une erreur dans le point d'arrivée de l'escalier principal, car on ne conçoit pas le motif qui aurait pu faire abandonner la ligne droite continue pour l'adoption d'une ligne ainsi brisée.

Comme on le voit dans cette *fig.* 5, les rayons visuels sont parallèles, mais ils forment trois *groupes* correspondant aux trois parties de la ligne brisée. Ces rayons visuels s'élèvent à une hauteur de 1^m.50.

En conservant la même hauteur de 4^m.07 pour les gradins ou banquettes, et en les disposant suivant une *courbe*, on peut avoir un Point commun de convergence de tous les rayons visuels; et ce point commun est situé à 1^m,90 au-dessus du sol, et à 3^m,50 en avant du premier auditeur (*fig.* 4, *pl.* 1).

Un défaut regrettable de cet amphithéâtre dont le plan est indiqué *fig.* 31, *pl.* 11, c'est que les derniers auditeurs sont trop éloignés du professeur : il est mieux, en général, comme nous l'avons déjà dit, de grouper l'auditoire autour d'un centre, c'est-à-dire, un peu sur la droite et la gauche, que de l'étendre dans une seule direction faisant face au professeur.

La *fig.* 50, *pl.* 11, représente une forme d'amphithéâtre toute particulière ; ce sont, comme on le voit, deux demi-cercles séparés par un carré long : cet amphithéâtre, de trop petite dimension pour éprouver les inconvénients acoustiques résultant de sa forme, appartient au Collége de France : il est spécialement destiné aux cours de chimie. Il contient sept banquettes qui s'élèvent à 2^m,77 au-dessus du sol du professeur (*fig.* 56, *pl.* 11). Ces banquettes se trouvant établies suivant une ligne droite, les rayons visuels sont nécessairement parallèles, et le dernier rayon aboutit à une hauteur de 2^m,10, sur une ligne verticale élevée à l'emplacement occupé par le professeur, à 2^m,05 de distance du premier auditeur.

Pour avoir un Point de vue commun, situé à 0^m,80 seulement du premier auditeur, et à 1^m,10 du sol occupé par ce dernier et le professeur, il faut que les banquettes s'élèvent, suivant une courbe, à 3^m,16, ou à 0^m,39 seulement au-dessus de la hauteur actuelle (*fig.* 55, *pl.* 11).

Si l'on adoptait cette hauteur de 3^m,16 pour établir les banquettes suivant une ligne *droite*, les rayons visuels seraient parallèles, et aboutiraient (*fig.* 54, *pl.* II) à 1^m,70 de hauteur sur la ligne verticale élevée à l'emplacement du professeur. Pour 0^m,40 de plus de hauteur dans les gradins de l'amphithéâtre, on ne ferait descendre le rayon visuel du septième et dernier auditeur, que de 0^m,55 seulement, résultat trop peu important pour motiver une surélévation qui a pourtant une conséquence si utile avec l'emploi d'une courbe pour l'inclinaison des banquettes.

La *fig.* 9, *pl.* I, représente la coupe de l'amphithéâtre de *Physique*, au *Collège de France*, l'un des premiers où la *courbe* a été appliquée à l'élévation des banquettes de l'auditoire. Le Point visible de toutes les parties de l'amphithéâtre est à 1^m,95 du premier auditeur, et à 1^m,70 de hauteur. La vingtième et dernière banquette s'élève à 5^m,40 ; au delà sont ménagés trois gradins sans banquettes, et destinés à recevoir des auditeurs *debout*.

Cet amphithéâtre est mauvais pour un cours de Physique expérimentale. L'auditoire, au lieu d'être groupé un peu sur les côtés, et en face des expériences, ou du lieu occupé par l'expérimentateur, s'étend dans une seule direction, comme l'amphithéâtre de l'Observatoire, jusqu'à *vingt-trois* rangées d'auditeurs, ce qui rend impossibles l'audition et la visibilité pour les derniers rangs.

Voici d'où vient le vice : le *plan* des banquettes et l'agencement des portes et issues diverses étaient arrêtés et disposés, avant l'invention de la *courbe*, qui n'a fait ici que remplacer la ligne *droite* suivant laquelle devaient être disposés les gradins. Il fallait bien que la courbe des banquettes s'étendît et s'élevât suivant toute la profondeur de l'amphithéâtre : la visibilité pour un *vingt-troisième* spectateur devait être ménagée, puisqu'il existait en plan une vingt-troisième rangée de spectateurs : on a donc été forcé d'éloigner et d'élever suffisamment le *Point visible, commun* à tout l'auditoire. En d'autres termes, l'étendue était donnée ; la hauteur des gradins avait des limites (l'œil du dernier spectateur est à *sept* mètres au-dessus du sol du professeur) : il fallait donc disposer le Point visible *loin* et *haut.* Si l'amphithéâtre n'est pas bon, la faute n'en vient nullement de la courbe.

Il résulte de ces causes un vice radical pour un amphithéâtre de Physique ; c'est que le Point visible est situé dans un plan qui passe au-dessus des trois ou quatre premiers rangs d'auditeurs !

Néanmoins la *courbe* suivant laquelle cet amphithéâtre est établi, est préférable à une ligne droite qui aurait la même inclinaison ; car dans ce cas (*fig.* 10, *pl.* I), les rayons visuels étant parallèles, celui du vingtième auditeur seulement aboutit à 4^m,20 de hauteur, au lieu d'aboutir à 1^m,70, comme dans le cas de convergence de tous les rayons visuels, donné par la courbe (*fig.* 9).

La *fig.* 40, *pl.* II, indique le plan actuel des banquettes de cet amphithéâtre ; si on eût disposé ces banquettes parallèlement à trois des côtés de l'espace, ainsi que l'indique la *fig.* 41, l'auditoire eût été groupé plus près de la table du professeur ; les derniers auditeurs eussent été beaucoup moins éloignés, puisqu'il n'y aurait eu que *neuf* banquettes, au lieu de vingt-trois. Cet agencement permettrait incontestablement de mieux voir et de mieux entendre.

Mais une autre disposition, sans doute plus commode et plus avantageuse, surtout sous le rapport acoustique *fig.* 12, consisterait, d'abord, à n'avoir qu'un seul centre pour les zones de gradins, toujours disposés dans le même sens que la *fig.* 11, mais sur des courbes concentriques d'un grand rayon : on évite par là aux auditeurs la gêne qu'ils éprouvent sur des banquettes circulaires d'un petit rayon. On supprimerait ensuite une partie de l'espace, 1° à la droite et à la gauche du professeur, au moyen de plans obliques et convergents vers le centre qui a servi au tracé des gradins ; et 2° au-dessus de la tête du professeur, par un plan incliné se raccordant avec le plan du plafond. Ce plan incliné aurait pour but de rabattre plus promptement les ondes sonores et de les rendre plus intenses en les propageant et en les faisant se répercuter dans un espace moins étendu.

Ces dernières dispositions permettraient de mieux voir de toutes les parties de la salle ; il n'y aurait que de neuf à dix rangées d'auditeurs, au lieu de vingt ou vingt-trois ; l'audition s'y ferait plus facilement et sans fatigue aucune pour le professeur. Dans ce cas, les dix banquettes pourraient s'élever suivant la courbe indiquée *fig.* 8, *pl.* I, à 2^m,55, au-dessus du sol du premier auditeur, au lieu de 5^m,40, hauteur actuelle. Le plafond de l'amphithéâtre, au lieu d'être à grands caissons, et élevé à l'énorme hauteur de huit mètres, pourrait être lisse, uni, et abaissé, dans sa partie horizontale, à 6^m,50, au grand avantage de l'auditoire.

On rendrait ainsi l'amphithéâtre de *Physique du Collége de France* plus favorable sous le double rapport de l'Acoustique et de l'Optique, car on retrancherait en *plan* les parties inutiles où l'auditoire voit mal et entend mal, et de la masse totale une partie du cube d'air qu'il n'est pas utile de mettre en ébranlement sonore sous l'influence de la voix.

La *fig.* 26, *pl.* II, représente l'amphithéâtre de *Droit public* du *Collége de France*; c'est aussi un de ceux dont les banquettes sont établies suivant une ligne courbe, représentée en coupe, *fig.* 24, *pl.* II. La *fig.* 25 est destinée à faire voir ce qu'eût été cet amphithéâtre si les banquettes avaient été établies tangentiellement à une ligne droite : tous les rayons visuels sont parallèles dans cette dernière coupe et aboutissent jusqu'à une hauteur de 5^m,40, tandis que les banquettes établies suivant la courbe (*fig.* 24) permettent à tous les rayons visuels de converger vers le point V, situé à 1^m,50 de hauteur et à 1^m,80 de distance de la première banquette.

Cet amphithéâtre, destiné à des cours purement oraux, aurait très-bien pu se passer d'une inclinaison de gradins aussi élevée ; les banquettes auraient pu y être établies suivant la courbe indiquée (*fig.* 25, *pl.* II) : il suffisait pour cela d'élever de 1^m,15 la chaire du professeur et le sol sur lequel elle repose. Le Point visible de toutes les parties de cet amphithéâtre eût été situé à 2^m,20 au-dessus de la partie la plus basse de l'amphithéâtre, et à 1^m,80 de distance du premier auditeur : la dernière banquette ne se serait élevée qu'à 1^m,50. Cette disposition eût procuré une grande économie de construction, et l'on eût évité, par ce moyen, une différence très-notable de température qui existe entre le haut et le bas de cet amphithéâtre. Le sol de la dernière banquette eût été le même que celui du vestibule qui donne accès à cette enceinte. On remarquera que cette courbe, très-peu inclinée, s'infléchit, vers la quatrième banquette, de 0^m.20 au-dessous du sol de la première.

L'amphithéâtre de *Médecine* du même établissement public *(fig. 52, pl. II)*, est également un de ceux où les banquettes sont établies suivant une courbe, laquelle se trouve représentée *fig. 6, pl. I*: tous les rayons visuels convergent vers le point F, situé à 1^m.50 de la première banquette et à 1^m.25 de hauteur. La *fig. 5, pl. I*, fait voir ce qu'eût été cette coupe, si les banquettes avaient été tangentes à une ligne droite.

Le principal amphithéâtre de la *Sorbonne (physique et chimie)*, est représenté *fig. 58, pl. II*. Les banquettes y sont établies tangentiellement à une ligne droite *(fig. 7, pl. I)*; les rayons visuels s'élèvent jusqu'à une hauteur de 2^m.55: si ce même amphithéâtre avait été établi suivant une courbe, représentée par la *fig. 8, pl. I*, les rayons visuels eussent convergé au point F, situé à 1^m.55 seulement de hauteur.

La *fig. 27, pl. II*, représente le plan du principal amphithéâtre de l'*École de Médecine* : il est tout à fait demi-circulaire, et l'espace consacré au professeur est pris aux dépens du demi-cercle; tandis qu'au Conservatoire des Arts et Métiers *(fig. 55)*, et à l'hémicycle du palais des Beaux-Arts, cet espace est en dehors du demi-cercle. Les *fig. 11 et 12, pl. I*, représentent l'une, la coupe de l'amphithéâtre de l'École de Médecine, dans l'état actuel, qui oblige tous les rayons visuels à être parallèles; l'autre, la coupe avec les corrections à faire subir à la précédente pour rendre tous les rayons visuels convergents vers le point F.

Parmi les salles où des modifications pourraient encore être essayées avec un avantage certain, l'amphithéâtre du Jardin des Plantes (*fig.* 29, *pl.* II), est sans contredit celui où ces modifications seraient le plus utiles, ainsi que nous l'avons déjà dit (pages 52 et 46), et en même temps le plus à désirer. Il faudrait y réduire l'espace, d'abord en *plan* (*fig.* 28), au moyen de deux murs obliques partant de la cheminée et se dirigeant vers le diamètre de la salle; puis en *coupe*, au moyen d'un plafond incliné, légèrement parabolique, et s'élevant vers la coupole; celle-ci serait remplacée par un plafond horizontal, abaissé à la hauteur de la naissance de la coupole, ou plus ou moins, selon l'élévation des gradins qui devraient être disposés suivant des zones circulaires d'un très-grand rayon; leur centre commun serait situé en dehors de l'espace consacré à la salle; l'inspection du plan donne d'ailleurs une idée plus exacte de ces modifications désirables.

Les trois figures de la planche III appartiennent à l'APPENDICE destiné à donner, comme complément de ce travail, un projet de salle pour une Assemblée constituante de neuf cents Députés.

En résumé, lorsqu'on a des spectateurs ou des auditeurs à placer, on doit le faire dans les meilleures conditions possibles pour qu'ils puissent *voir* et *entendre*

Il faut pour cela *étudier*, sur une grande échelle (ce qu'on n'a encore jamais fait), toutes les *circonstances* que peuvent présenter les masses d'air ambiantes, plus ou moins libres, ou limitées, et tenir un compte très-attentif des surfaces *réfléchissantes*, de leur nature et de leur forme, en ayant égard à la nature des sons qui doivent être réfléchis.

Il faut éclairer convenablement les objets à voir, et surtout ne pas éblouir les yeux. La place occupée par chaque individu doit être calculée et disposée de telle sorte que ses regards puissent toujours, naturellement et facilement, se porter sur les objets à voir ; il doit enfin percevoir clairement et de la manière la plus convenable les différents *sons* qu'on peut vouloir faire parvenir à son organe.

Nous croyons avoir présenté, dans le travail que nous terminons, les principales *données* d'Acoustique et d'Optique qui peuvent servir de base utile aux études à faire pour amener les améliorations, dont tout le monde éprouve le désir et le besoin, dans toutes les salles destinées aux réunions publiques.

FIN.

APPENDICE.

Projet de salle pour les séances de l'Assemblée constituante
de 1848, proposée en remplacement de la salle provisoire
trouvée défectueuse.

Nous donnons, comme complément de notre travail,
un Projet de salle pour la réunion d'une Assemblée
constituante composée de neuf cents membres. Nous
faisons précéder ce projet de la critique de la salle
provisoire construite tout exprès pour la Constituante
de 1848, en regrettant de n'avoir pas publié plus tôt
un travail qui eût pu faire éviter les défauts qu'on re-
proche, malheureusement avec tant de raison, à cette
salle provisoire, où toutes les tentatives faites jusqu'à
ce jour pour la rendre meilleure ont été complétement
infructueuses.

----

§ 1er.

L'art, en fait de construction de salles pour les réunions d'assemblées législatives, comme pour toute autre salle, ne semblerait pas plus avancé qu'en 1789, si
l'on considère le plan qui a été adopté pour la salle
provisoire de l'Assemblée constituante de 1848.

L'enceinte qui a servi à la réunion des Notables, à Versailles, en 1789, offrait la forme d'un parallélogramme, ou carré long; les banquettes y étaient disposées parallèlement à trois des côtés de la salle, les deux longs et un des petits côtés; le côté parallèle à ce dernier était occupé par la tribune, ou plutôt le *trône*. C'est cette forme et cette disposition vicieuses de la salle de notre première Assemblée nationale, qui ont été reprises et adoptées, après soixante années d'expériences totalement infructueuses, à ce qu'il paraît, pour les améliorations d'Optique et d'Acoustique, d'ailleurs si désirables dans toutes salles de réunions publiques.

Encore y avait-il peut-être quelque raison, en 1769, pour rechercher la forme de cette salle oblongue, si l'on considère la séparation bien tranchée qu'on voulait conserver entre les trois ordres qui venaient la remplir simultanément; la noblesse et le clergé occupaient les deux longs côtés, la droite et la gauche de la salle; le tiers-état était relégué à l'extrémité la plus éloignée du trône.

Quoi qu'il en soit, aucune donnée scientifique ne paraît présider à la construction des salles de réunions publiques, bien qu'on ait souvent à la bouche ces expressions : «Les règles de l'Art, les règles de l'Acoustique!...» Au moyen de mots employés inconsidérément, on se passe parfaitement de la chose; et le public, habitué à se payer de mots plus ou moins vides, finit par se persuader qu'il est servi aussi bien qu'il est possible de l'être.

Il existe néanmoins des données scientifiques très-positives, mais elles restent confinées dans les arcanes de la science, où l'art malheureusement se garde bien de les aller chercher.

Ce qui prouverait que jusqu'à ce jour aucune donnée scientifique n'est venue concourir, avec les moyens artistiques, à déterminer la forme et les dispositions des salles et des amphithéâtres, c'est ce qui est arrivé depuis qu'on en construit. On passe, dans l'étude des plans, du carré au demi-cercle, et du demi-cercle au carré : on a varié du carré au carré-long, et du demi-cercle tout simple, au demi-cercle rachetant un carré plus ou moins allongé, et donnant aux banquettes la forme plus ou moins prononcée du fer à cheval; on quitte et l'on revient alternativement à ces formes diverses, sans aucune raison scientifique, par pure fantaisie, et suivant qu'un carré, ou qu'un demi-cercle s'agence mieux dans la disposition générale d'un plan. On est allé, dans la fantaisie des formes adoptées pour les amphithéâtres, jusqu'aux deux demi-cercles, réunis ou séparés par un carré (*fig.* 50, *pl.* II), ce qui donne une sorte d'ovale aux flancs parallèles et aux extrémités circulaires (*).

Toutes ces tergiversations ne sont pas des essais successifs faits dans le but de satisfaire aux exigences de l'Acoustique et de l'Optique; c'est uniquement et mal-

---

(*) La forme plus ou moins carrée a toujours été adoptée pour les salles provisoires; c'est par raison d'économie de temps et d'argent. Mais pour les salles monumentales, on adopte toujours la forme demi-circulaire : c'est classique et académique. On serait tenté de croire que les exigences de la science ne doivent pas s'accorder avec les économies de temps et d'argent, ni avec le classique et l'académique.

heureusement pour satisfaire a un besoin plus ou moins impérieux de variété dans les dispositions des lignes d'un plan, sans utilité réelle et incontestable. Mais la marche des ondulations et des réflexions sonores, mais la facile visibilité des objets, n'ont jamais influencé, en quoi que ce soit, la forme adoptée pour une salle quelconque de réunion publique.

Cependant l'art et la science, il y a quelque vingt ans, s'étaient une fois rapprochés pour concourir à l'édification d'une salle monumentale qui devait satisfaire enfin, à la fois, aux exigences reconnues légitimes de l'Acoustique et de l'Optique : mais l'Art n'est pas chose qui plie facilement : c'est une puissance despotique avec laquelle il faut compter longtemps avant de la faire entrer dans la voie des réformes et des améliorations.

Une commission scientifique, composée de membres de l'Institut (Académie des Sciences), avait fait savoir que l'enceinte de la Chambre des Députés (celle qui est actuellement trop petite pour la Constituante de 1848), devait être close et couverte par un *plafond;* mais l'Art et ses traditions demandaient une *voûte* en quart de sphère, ou au moins sphéroïdale! L'Art n'avait pas à s'inquiéter des effets nuisibles que devaient produire les parois à surfaces courbes, et une trop grande masse d'air, surtout mal distribuée; l'art et la science se trouvant donc en opposition manifeste, on prit un moyen terme, croyant satisfaire aux exigences capricieuses de l'un et à l'inflexibilité de l'autre : on fit une voûte *surbaissée*, dont la génératrice n'est par conséquent ni un quart de cercle ni une ligne droite : par ce

moyen, les résonnances de la salle sont moins considérables qu'elles ne l'eussent été avec l'exécution du
projet primitif, mais ces résonnances existent toujours,
et elles sont d'une intensité encore trop notable ; ce qui
fait regretter que l'Art, en cette circonstance solen-
nelle, n'ait pas voulu condescendre à un sacrifice plus
complet de la *forme* particulière, pour laquelle il avait
une prédilection séculaire, en faveur de la science, qui
avait pour elle l'expérience, la logique et la raison.

§ II.

Pour entrer maintenant plus avant dans la critique
spéciale de la salle provisoire actuelle, nous signale-
rons les faits et les résultats suivants :

L'agencement le plus vicieux a été adopté *en place*
pour la disposition des banquettes ; c'est un fer à cheval
très-allongé, et sa conséquence forcée est de placer
d'abord les deux tiers de l'assemblée *obliquement* à la
Tribune, centre d'ébranlement sonore ; puis, l'autre
tiers, en face, mais à une distance telle qu'il est impossible d'y entendre la voix, de distinguer clairement les
sons qu'elle peut produire, surtout lorsqu'ils ont tra-
versé une si grande étendue, au milieu de l'agitation
résultant nécessairement d'une grande réunion d'hommes : les derniers auditeurs sont placés à 45 mètres de
la Tribune!...

La forme en fer à cheval a, en outre, l'inconvénient

d'offrir, dans le centre, un espace entièrement perdu, inutile et nuisible (espace très-considérable dans le cas particulier qui nous occupe). Cependant cet espace est le meilleur endroit pour entendre, et il ne s'y trouve pas de banquettes; c'est l'endroit le plus facilement visible de toutes les parties de la salle, comme l'*arène* des amphithéâtres antiques, et cet espace n'est qu'un lieu de promenade ou d'allée et venue, soit pour les députés, soit pour le service des huissiers.

Les flancs de la tribune et de la présidence sont entièrement dégarnis de banquettes, mais ils sont entourés de grands vides prolongeant, à droite et à gauche, cet espace déjà si malencontreusement inutile du centre.

De cette forme, de cette disposition en fer à cheval et de ces grands espaces vides que nous venons de signaler, il résulte nécessairement, dans la capacité de l'enceinte, un cube d'air énorme, d'un tiers, au moins, plus considérable qu'il n'eût été avec une disposition mieux entendue *en plan*. En effet, cette salle contient plus de 1,200 mètres de surface, et 18 à 20,000 mètres cubes d'air; elle aurait pu n'avoir que 8 à 900 mètres de superficie, et ne contenir qu'un cube d'air de 9 à 10,000 mètres seulement.

C'est cette atmosphère immense qui doit être mise en ébranlement sonore par la voix *parlante*; mais on doit faire observer tout d'abord que ce genre de voix ne peut pas *monter* et devenir intense, aigu, comme la voix *chantante*. On ne peut pas non plus condamner les orateurs à *crier*; et il n'y a pourtant que des chants aigus ou des cris qui puissent être entendus facilement dans une pareille enceinte. Une grande masse d'air, ce qui n'est

pas toujours un très-grand inconvénient pour une salle
d'Opéra, devient un vice radical dans une enceinte destinée à la parole des orateurs ; car la parole ne produisant que des sons graves et de peu d'étendue, ces sons
se perdent infailliblement dans un espace pour ainsi
dire sans limites.

L'air, par sa trop grande masse, devient d'ailleurs un
instrument retentissant, mis en action par les ondes
sonores produites par la parole. Les ondes directes se
croisent en tous sens avec les ondes réfléchies, sans
qu'on ait pris aucune des précautions indiquées par la
plus simple expérience ou par la science, pour augmenter l'intensité des ondes directes et détruire les ondes
réfléchies qui, par leur mélange intempestif avec les
premières, produisent des résonnances et des bourdon-
nements fatigants (*voir* les développements qui font
l'objet du chapitre VI de ce travail, chapitre spécialement consacré au signalement des vices acoustiques qui
existent dans les salles de réunions publiques).

§ III.

Rappelons en peu de mots les conditions d'Acoustique et d'Optique nécessaires pour la construction d'une
salle du genre particulier qui nous occupe ; conditions
sur lesquelles nous nous sommes d'ailleurs étendu aux
chapitres IX et X.

L'un des problèmes les plus difficiles à résoudre en
Acoustique est sans contredit la construction d'une

salle destinée à la discussion des travaux législatifs d'une réunion de *neuf cents* Députés.

Une salle d'Assemblée constituante n'est pas un simple amphithéâtre où l'auditoire puisse être condensé de manière à éprouver de la gêne, de la fatigue, comme dans les salles de cours publics et les théâtres. Dans l'enceinte d'une assemblée législative, il faut être assis commodément; il faut des pupitres devant chaque auditeur, et de plus, une circulation sinon large, du moins facile, entre les banquettes. De là l'indispensable nécessité d'une surface plus grande pour réunir un auditoire de ce genre, que pour toute autre réunion.

Dans les amphithéâtres ordinaires, destinés aux cours publics, on peut placer trois auditeurs par mètre superficiel. Dans une salle de réunion législative très-nombreuse, on ne peut en placer qu'un et demi par mètre; et l'on ne peut pas dépasser, dans le rapport de la surface générale, le chiffre d'*un mètre* par individu, sans de graves inconvénients.

La voix, ou, pour mieux dire, la *parole*, on ne saurait trop le répéter, pour être bien entendue, doit être claire, nette et surtout dépourvue de toute espèce d'*accompagnement acoustique*.

La perception de la parole est plus facile dans un espace clos, limité, qu'en plein air: d'où il suit que plus l'espace limité est vaste, moins les sons de la parole sont intenses, moins ils sont faciles à percevoir.

L'organe vocal ayant d'ailleurs une puissance d'intonation plus ou moins limitée, et toujours restreinte, comparativement aux instruments de Musique ou d'Acoustique, dont l'intensité peut être relativement immense, la puissance vocale ne doit se dépenser que dans un espace restreint, si l'on veut en obtenir un résultat utile, sans fatigue pour les orateurs, sans tension pénible pour les auditeurs.

Le vice capital des salles destinées à la parole est d'*être sonores*; les masses d'air y sont trop grandes, mal disposées et surexcitées par toutes les parois réfléchissantes. Comment peut-on se faire entendre, si le premier son émis par la voix y vibre pendant quelques secondes? Les autres sons émis se succédant avec une rapidité moyenne de dix sons par seconde, il s'ensuit qu'après quelques mots prononcés, il y a instantanément dans l'air tous les sons multipliés qui appartiennent à toutes les syllabes de chaque mot prononcé : ces sons affectent tous l'organe de l'ouïe et l'empêchent de distinguer ceux qu'il doit percevoir de préférence ; au lieu de paroles transmises par l'air, il n'y a que bruits confus, que roulements continus et sans repos ni cadence. L'air, au lieu d'être le simple véhicule des sons parlés, devient l'origine et le siège de vibrations et d'ondulations on ne peut plus nuisibles à la parole.

L'air, ébranlé par les sons de la parole, devient ainsi un *instrument acoustique qui accompagne*, d'une manière plus ou moins bruyante, mais toujours défavorable et intempestive, la *parole*, qui crée à la fois les sons primitifs, et les sons concordants ou discordants. Or, la parole, pour être facilement entendue, ne devant pas être *accompagnée*, il faut se mettre en garde, par les moyens que fournit la science, contre toute *sonorité* due à la masse d'air contenue dans l'espace. Il faut surtout savoir utiliser les phénomènes de réflexion et d'absorption des ondes sonores, de manière à renforcer l'intonation vocale, et combattre la *sonorité* qui ne peut être qu'un accompagnement nuisible. En un mot, il faut augmenter l'intensité de la voix tout en détruisant les *résonnances*, de quelque origine qu'elles puissent venir.

Pour rendre ce fait plus évident encore, qu'on nous permette une comparaison : la voix chantante peut s'entendre sans accompagnement d'aucune espèce, dans les *solos* par exemple ; mais les solos sont plus agréables avec un accompagnement musical ; ils sont aussi plus agréables dans une salle retentissante qu'en plein air. La masse d'air contenue, limitée, et les parois repercutantes de l'espace font office d'accompagnement musical très-souvent d'un fort heureux effet. Que dirait-on cependant de la voix d'un orateur accompagnée d'un orchestre quelconque, quelque doux et affaibli qu'il soit ?... Les resonnances locales dues aux masses vibrantes et aux parois répercutantes, remplissent pourtant exactement les fonctions d'un orchestre malencontreux, et l'on ne fait rien pour se prémunir contre de si graves inconvénients.

On sait d'ailleurs que la parole s'entend mieux lorsqu'on est en face de l'orateur que lorsqu'on est placé sur les côtes ; cependant il vaut infiniment mieux, l'expérience le prouve tous les jours dans les salles de cours publics, être assis sur les côtes que démesurément loin et en face. Le simple bon sens indique alors que le mieux est de grouper l'auditoire de manière à éviter les extrêmes, soit en face, soit sur les côtes ; de placer les auditeurs sur des zones circulaires concentriques plus petites que le demi-cercle, et l'orateur vers le centre des zones. Il y a par ce moyen parité dans la marche des ondes sonores et la disposition des zones d'auditeurs, qui sont tous alors dans une position *normale* au lieu d'ébranlement acoustique, c'est-à-dire, qu'ils voient tous l'orateur en face, au lieu de tourner plus ou moins la tête de côté pour l'apercevoir.

§ IV.

Le projet de salle que je soumets à l'appréciation de mes lecteurs contient *neuf cents* places disposées sur une surface totale de 880 mètres au lieu de 1250 mètres que contient la salle provisoire actuelle : c'est presque un tiers de moins en surface.

L'auditoire y est groupé sur des gradins parallèles et circulaires, qui ne se développent que sur un tiers, ou un quart de cercle, environ, au lieu d'un demi-cercle. Toutes les positions de l'auditoire sont donc *convergentes* vers un centre unique, la Tribune et la Présidence. Chaque position est *normale* au lieu d'ébranlement sonore, c'est-à-dire, qu'on voit toujours de face l'orateur, qui est alors entendu de la manière la plus directe et la plus favorable ; il n'y a donc ainsi aucune place oblique, ou du moins l'obliquité est si peu sensible, sur les côtés, qu'on peut la considérer comme nulle, ou de nul effet.

Au lieu d'un mur droit et continu, dans le fond de

la salle, derrière la Présidence, deux murs obliques partent, et s'étendent de chaque extrémité du mur droit qui forme le fond du Bureau de la Présidence; la largeur de l'ensemble du Bureau forme la longueur de cette partie droite du mur du fond. Par ce moyen se trouvent supprimés, au profit de la masse générale, les espaces latéraux où la voix s'entend mal, et d'où se voit mal l'orateur; où enfin se trouvent communément des masses d'air inutiles et d'un effet très-nuisible. Ne sait-on pas d'ailleurs que ces espaces servent de lieu de promenade et de conversation particulière, ce qui vient encore aggraver les inconvénients résultant des masses d'air inutiles, et les rendre plus pernicieuses pour l'intelligibilité de la parole?

Les auditeurs les plus éloignés de l'orateur sont à 22 mètres de distance; la distance moyenne est de 15 mètres. Dans la salle provisoire actuelle, les auditeurs les plus éloignés sont à 42 mètres de l'orateur; la distance moyenne est de 30 mètres au moins.

Avec la disposition nouvelle, l'auditoire en masse est donc de moitié plus près de l'orateur; il entendra donc, en moyenne, quatre fois mieux, puisque l'intensité des sons diminue en raison du carré des distances.

La salle provisoire actuelle a 15 mètres de hauteur, ce qui donne un cube d'air de 18.750 mètres, sans compter les espaces réservés pour les tribunes publiques. La salle que je propose n'ayant que 12 mètres de hauteur, ne donne que 10.500 mètres, qu'on peut réduire à 9.500 mètres, par la *disposition particulière du plafond* au-dessus de la Présidence et de la Tribune c'est moitié de la masse d'air que contient la salle actuelle.

Le Diapason de cette nouvelle enceinte baisse donc de la hauteur d'une octave tout entière. A force égale dans l'émission de la voix, l'auditoire entendra beaucoup mieux, ou bien il ne faudrait qu'une très-faible partie des efforts actuellement nécessaires, pour qu'on n'entendît qu'aussi imparfaitement qu'il arrive dans l'état actuel.

La Tribune et le Bureau sont très-élevés afin que l'Orateur et le Président dominent l'auditoire, et que les paroles prononcées dans le lieu ménagé et disposé pour l'émission des ondes sonores, puissent plus facilement pénétrer dans la masse des auditeurs.

Au-dessus de la Présidence et de la Tribune, pour renforcer et rabattre la voix des orateurs sur la masse des auditeurs, le plafond se trouve surbaissé, et incliné de manière à obtenir la réflexion la plus hâtive, la plus parfaite, la plus instantanée, la plus utile enfin.

Les siéges y sont établis sur des gradins dont l'inclinaison est *progressive*, c'est-à-dire que leur hauteur augmente à mesure qu'ils s'éloignent du centre. Cette disposition est indispensable pour faciliter l'aspect et l'audition des orateurs; deux choses qui, naturellement, deviennent moins faciles à voir et à entendre, à mesure qu'on est plus éloigné : par ce moyen, les inconvénients qui résultent de l'éloignement sont en partie détruits ou compensés.

Cette forme nouvelle d'enceinte, que l'inspection du plan (*fig.* 3, *pl.* III), et des coupes (*fig.* 1 et 2), fait mieux comprendre que toute explication écrite, cette forme se rapproche, pour ainsi dire, de la forme d'un *Pavillon* acoustique. où l'origine, la naissance des sons occupe la partie la plus exiguë de l'instrument, pour s'étendre naturellement et s'amplifier vers la partie la plus large. C'est le contraire qu'on a pratiqué jusqu'à ce jour dans la construction des grandes salles destinées à faire entendre la voix des orateurs : on a toujours placé ceux-ci dans l'endroit le plus vaste de ces salles ; c'était mettre l'embouchure, si l'on peut se permettre cette comparaison, à contre-sens de l'instrument.

L'inconvénient n'était très-grave et très-sensible que dans les salles d'une fort grande étendue, salles qu'on a eu rarement l'occasion de construire, et dont on s'est par conséquent rarement servi : c'est ce qui avait fait négliger jusqu'à ce jour la recherche des causes qui privaient ainsi ces grandes salles de leurs qualités essentielles; on avait également négligé de chercher et d'appliquer les moyens qui pouvaient obvier à de si graves inconvénients. Nous croyons en avoir indiqué quelques-uns, qui, s'ils ne sont pas complètement efficaces, produiront du moins des améliorations très-sensibles, que l'expérience viendra bientôt rendre plus complètes.

Les dessins de la *pl.* III ne sont que des *croquis*, et n'ont d'autre but que de donner une idée de la forme générale, de la *coupe* de la salle, principalement en ce qu'elle peut avoir de contraire aux dispositions jusqu'à ce jour en usage. Les couloirs, les salles de service, les escaliers, etc., sont dans la *teinte*, ou ne sont même pas indiqués ; ils restent subordonnés à des circonstances locales et à des besoins de service tout à fait indépendants de la forme intérieure de la salle, et, par conséquent, essentiellement modifiables selon les ressources locales dont on pourrait profiter.

Au centre du plan est ménagé un espace vide de banquettes, suffisant pour le service des huissiers et le libre accès de la Tribune et du Bureau de la Présidence : on y arrive de toutes les parties de la salle au moyen de couloirs à degrés, se dirigeant de la circonférence vers le centre, et communiquant entre eux au moyen, 1° de deux couloirs ou paliers circulaires, ménagés dans la masse des banquettes, et 2° d'un autre palier à l'extrémité supérieure de la salle.

Les entrées ou sorties sont disposées au pourtour de l'enceinte, sur un vaste corridor qui les reçoit toutes, et qui communique avec les dépendances et les sorties extérieures.

Les services de la ventilation, des lustres pour l'éclairage de nuit, des calorifères pour le chauffage se font par les étages supérieurs ou inférieurs qui devront être disposés à cet effet.

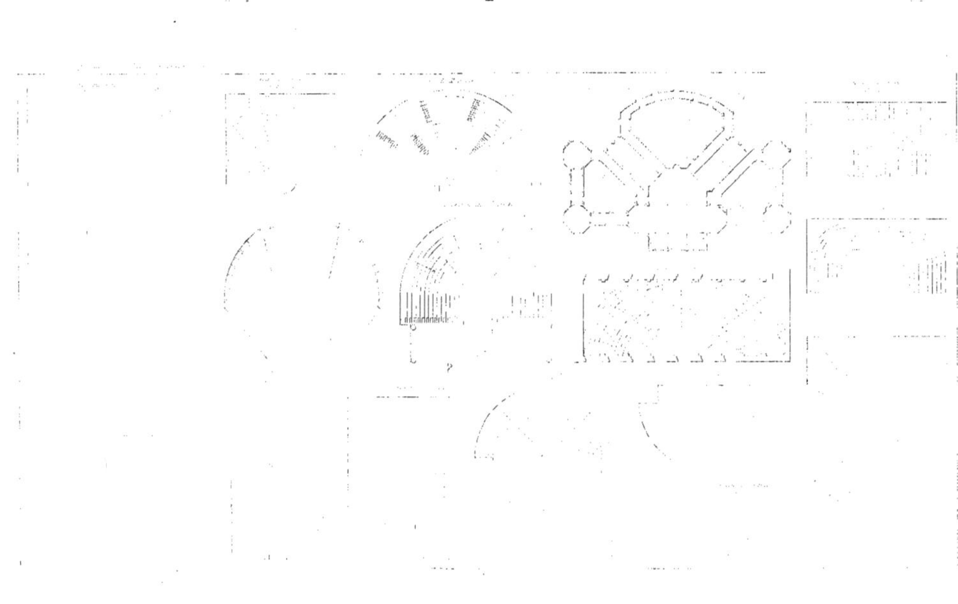

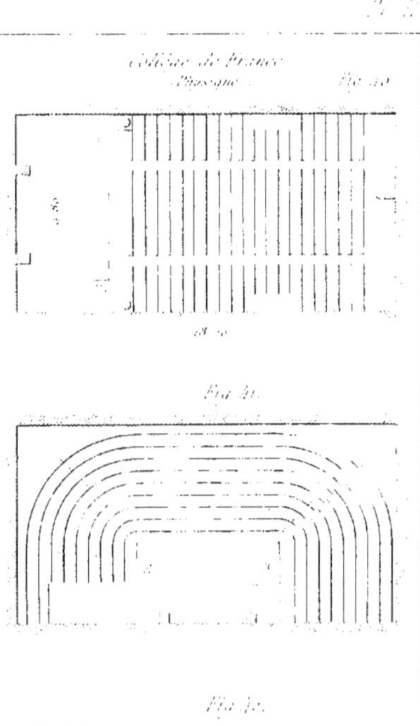

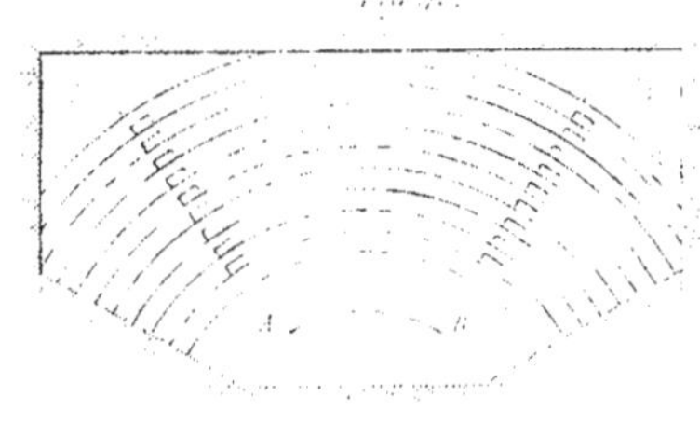

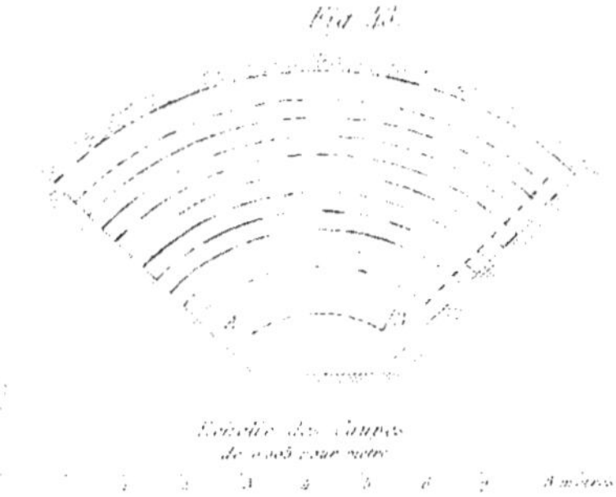